Guía para
Mamás Primerizas

Dirección editorial

Tomás García Cerezo

Editor responsable

Víctor Hugo Romero Vargas

Traducción

Ediciones Larousse, S.A. de C.V. con la colaboración del Instituto francés
de América Latina (IFAL) y de María García-Moreno Esteva

Revisión técnica médica

Dra. Victoria Mata Santibáñez

Fotografías de interiores

©2008 JUPITERIMAGES y sus cedentes de licencias.
Todos los derechos no expresamente concedidos aquí
son reservados.

Diseño de portada

Ediciones Larousse, S.A. de C.V., con la colaboración de Vea Diseño, S.C.

Fotografías de portada

Getty Images

Edición original en lengua francesa:
Título original: *Guide des Mamans débutantes*
© 2000 Marabout, París

Edición para América Latina:
D.R. MMX por Ediciones Larousse, S.A. de C.V.
Renacimiento 180, Col. San Juan Tlihuaca, México, 02400, D.F.

ISBN: 2-501-0333-3515 (Marabout)
         978-607-21-0090-9 (Para esta obra)

Primera edición, 1ª reimpresión

Impreso en México – *Printed in Mexico*

Larousse

Guía para
Mamás Primerizas

LAROUSSE

A mi madre

Agradezco a los padres por sus preguntas y a los niños por sus respuestas.

Contenido

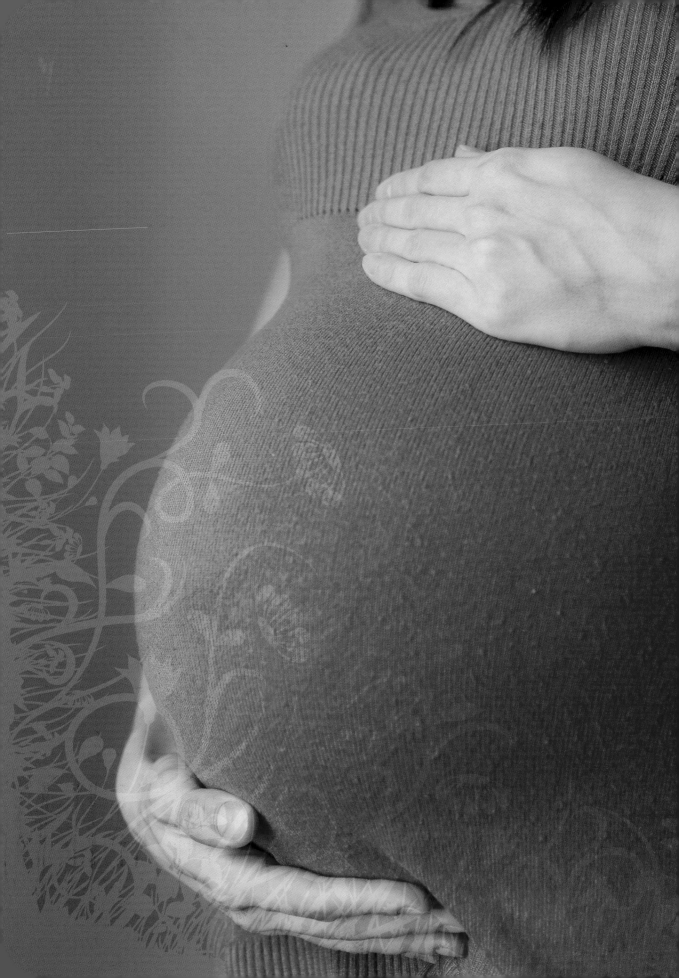

Introducción

El libro se ha convertido en el compañero obligatorio de la mujer embarazada y de los padres jóvenes, pues los consejos que suelen escuchar son contradictorios y las instrucciones incomprensibles. Los nuevos padres son tan inexpertos y la exigencia del acierto tan grande, que ahora son necesarios los manuales para encontrar el instinto natural y las ideas sensatas. En otros tiempos, pero aún en algunas partes del mundo, las jóvenes llegaban preparadas a la maternidad gracias a que las mujeres de su familia o del grupo les transmitían la manera tradicional de cómo atender a un bebé y ocuparse de él. Ese saber seguramente empírico, pero lleno de experiencia y sabiduría,

tranquilizaba y servía como guía. Actualmente los "expertos" han remplazado a la tradición y los médicos a las mujeres. El problema es que las instrucciones y los consejos frecuentemente cambian. Si bien las mujeres están mejor informadas (¿lo están realmente?, con excepción de un núcleo privilegiado, es algo cuestionable), no están del todo preparadas, lo que genera una ansiedad que acaba por afectar a toda la familia.

No quise hacer una obra más sobre el tema, sino una guía para los padres que están convencidos de que hay que olvidar la moda para volver a escuchar al niño mismo. Como madre de familia, escribí el libro que me habría gustado encontrar cuando nació mi primer hijo. Como psicóloga de guardería, en contacto con madres y niños, me pareció importante dejar atrás los problemas de pañales y biberones para hablar del bebé como ser humano y no solamente como sujeto de cuidados y atenciones. Quise hacer un libro diferente, menos abocado al aspecto médico, la patología o lo excepcional, y a las reglas de la puericultura —siempre en tela de juicio—, pero que desarrollara ampliamente los aspectos concretos relacionados con la vida cotidiana.

Los padres, primeros especialistas de su bebé

Los consejos de puericultura no son muy importantes: con frecuencia cambian y seguirán haciéndolo. No los sigas a menos que te parezcan pertinentes y de acuerdo con tus sentimientos y con lo que conoces de tu bebé. Como apuntó Donald Woods Winnicott, la madre, durante los primeros meses de vida del bebé, se encuentra en un estado de "preocupación maternal primaria", que hace que ella sea la más capacitada para responder a las necesidades de su niño. Nadie mejor que ella lo conoce, pues se identifica con él instintivamente. Llenar a esta madre de consejos técnicos y rígidos no hace más que alterar su maravillosa e instintiva capacidad para ocuparse de su bebé. La idea de este libro consiste más bien en reforzar esa capacidad, esa sensibilidad hacia el bebé, esa confianza en sí misma: los padres son los primeros especialistas de su bebé.

Una nueva mirada a tu bebé

Desde hace algunos años, debido a nuevas investigaciones y a información sobre el feto y el recién nacido, la forma de ver a los pequeños ha cambiado y la manera de criarlos también. Una ya no se ocupa del bebé como lo hacía antes. Ya no es posible con todo lo que se sabe ahora, por más que digan algunas abuelas o vecinas que hay que poner y retener en la taza del baño a un niño de un año, que hay que dejar que un recién nacido llore para que infle los pulmones, que hay que sobrealimentar a un pequeño porque "estar regordete es signo de buena salud" o que hay que sujetarle las manos a lo largo del cuerpo para impedir que se chupe el pulgar. Esas "nuevas capacidades" tan destacadas tampoco justifican que lo dejes hacer de todo para no traumatizarlo o que se le enseñe a leer en japonés a los seis meses. Igualmente quedó atrás, en una sociedad como la nuestra, perder excesivamente el tiempo siguiendo reglas de higiene, de rigor y a la perfección. Por el contrario, se descubrió que el lactante está maravillosamente equipado para comunicarse, hacerse querer, darse a entender y regular sin ayuda la cantidad de alimento que ingiere y de sueño que necesita. Respetarlo es también escucharlo y darle confianza. Es pasar tiempo con él y no para él. Lo esencial para mí

es darles confianza a los padres en su calidad de educadores con el fin de que, progresivamente, puedan encontrar solos sus propias respuestas. Quise abordar con ellos las preguntas reales que se hacen los padres de ahora, relacionadas con el despertar, el equilibrio y el desarrollo físico, social, afectivo e intelectual de sus hijos.

Cada niño es único

Este libro toma en cuenta nuevos descubrimientos, pero se apoya sobre todo en la experiencia y el sentido común. Ayudará a los padres, espero, a encontrar una actitud apropiada para con su hijo. Para ello, provee información y consejos que lo demuestran. Pero, sobre todo, permite a los padres entender quién es su hijo. Al conocerlo mejor, pueden ponerse en su lugar y actuar en concordancia con él, con complicidad y no con malentendidos. ¿Cuáles son las grandes etapas por las que atraviesa? ¿A qué dificultades y a qué miedos se enfrenta? ¿Qué sucede en su cabeza y en su cuerpo a una u otra edad? Este libro ofrece respuestas. Darle a tu hijo

todo lo que necesite de amor, experiencia y educación para que se desarrolle de la mejor manera no requiere algún don o estudios particulares. Una combinación de ternura, paciencia, atención, entusiasmo, conocimientos y reflexión da excelentes resultados.

Más tarde o más temprano, todo padre de familia se siente perdido e incapaz ante su hijo, que parece estar llorando sin razón, que rechaza la cuchara, que tiene miedo a que lo bañen, que no aprende a limpiarse, que se levanta en las noches o que se hunde en pataletas atroces. Uno querría estar tranquilo y dispuesto, ser firme y cariñoso, pero se agota y se tensa, sin saber si dejarlo en paz, consolarlo o castigarlo.

Me habría gustado hablarles simplemente de su hijo, respecto de lo que tiene de único. Ya que cada familia tiene sus particularidades y su cultura, cada padre de familia tiene su historia, un simple libro no basta para responder con precisión a todas las interrogantes. Además le corresponde a cada quien asumir sus responsabilidades y determinar, con relativo conocimiento de causa, sus elecciones educativas. Mis consejos, si bien son psicológicos, y forzosamente culturales, se esfuerzan por no ser más que indicaciones, puntos de partida para una reflexión. A cada padre de familia, a su manera, le corresponde hacer sus elecciones e insertar al niño en una relación de confianza, respeto, seguridad y amor.

Prepararse y organizarse

Nueve meses para hacer su nido: preparar un espacio para el bebé, escoger el material y la ropa, acondicionar la casa...

Nueve meses de embarazo es poco tiempo para prepararse psicológicamente para la llegada de un bebé y acondicionarle un lugar en su vida.

El recién nacido es muy pequeño, pero no el espacio que ocupa. No hablo únicamente del abundante material que tendrá que preverse (y que, en esencia, no servirá más que unos cuantos meses), sino de la conmoción que la llegada de un bebé traerá a la vida de sus padres. Ya antes del nacimiento, están muy ocupados: acondicionar un espacio para el bebé, equiparse, preparar la ropa, cómo cuidarlo. Cuando la fecha se aproxima hay que preparar la maleta para la maternidad y todos los documentos necesarios, llenar el refrigerador y ponerse finalmente de acuerdo con los nombres elegidos.

Sin contar el tiempo para soñar, acariciar al bebé acurrucado en su cobertor, hacer planes, mimarlo, y hablar entre los dos sobre lo dulce que será la vida de los tres.

Acondicionar el espacio

Aprovecha tu permiso de maternidad para acondicionar el espacio de tu bebé. Los primeros días en casa serán muy tranquilos si todo está listo para recibirlo, en lugar de tener que pegar papel tapiz mientras preparas los biberones...

El rincón del bebé

Ya sea que el bebé tenga su propio cuarto o lo comparta (contigo o con un hermano mayor), lo esencial es que tenga un espacio sólo para él, iluminado y tranquilo, aislado con una cortina o una persiana si es preciso.

Cada padre de familia escogerá un estilo de decoración. Los colores tradicionales —como el blanco, el azul cielo y el rosa— van cediendo lugar a colores más cálidos y dinámicos. El bebé se sentirá más despierto si su cuarto es alegre, y esta impresión puede surgir de elementos de colores vivos sobre un fondo más neutro en el muro.

La habitación

Escoge revestimientos de muros y suelos lavables y fáciles de limpiar. Evita las alfombras de color claro, salvo si realmente son "antimanchas". El linóleo es quizá menos grato a los ojos, pero es infinitamente más resistente. La pintura de los muros y el papel tapiz también deben escogerlos en función del uso que vayan a darles, además del aspecto estético. Para la pintura, escoge un tono discreto que levante el ánimo, con motivos de colores vivos. La pintura no debe tener plomo. Para el papel tapiz, pon atención en el decorado "de bebé", ya que no conviene tenerlo por mucho tiempo debido a las edades del niño. Es mejor un papel con motivos discretos, ornamentado con una banda que diga "bebé" o "nene" y que pueda cambiarse.

La iluminación ideal es una lámpara con regulador de intensidad luminosa. Podrás ponerla al mínimo cuando vayas a ver a tu bebé en la noche. Si la ventana de la habitación no tiene persianas, pon doble cortina para oscurecerla.

Los muebles

Los muebles deben ser resistentes, recubiertos de pintura no tóxica, prácticos y fáciles de limpiar. Redondea las esquinas de los muebles que están "a la altura del niño". El mobiliario disponible en nuestra actualidad es más caro, pero más rentable con el paso de los años. De preferencia, escoge marcas que no descontinúen sus modelos o catálogos, de manera que puedas conseguir piezas sueltas complementarias. La cama del bebé debe estar, de preferencia, colocada cerca de la puerta y protegida de las corrientes de aire.

Prevé espacios para ordenar (cajones y estantes): ¡las cosas del bebé ocupan mucho espacio!

Para todos los juguetitos, los recipientes de plástico de colores vivos con ruedas son muy prácticos.

La seguridad

- Nunca coloquen muebles por los que el niño pueda escalar cerca de la ventana.
- Fijen bien los anaqueles y la estantería alta en el muro.
- Si ponen alfombra en la habitación, instalen un sistema antiderrapante.
- Si el suelo es de duela, púlanlo para evitar las astillas. Barnizarlo hace más fácil la limpieza. Llenar las hendiduras entre las piezas evitará que se conviertan en lugares con ácaros.
- Tengan cuidado con el sistema eléctrico. No pongan extensiones eléctricas; pongan cubiertas en los enchufes o enchufes de seguridad por todas partes. Un punto crítico es que deberán hacer que se instalen las tomas eléctricas a cierta altura (a 1.30 m más o menos).
- Utilicen solamente lámparas que respeten las normas de muy bajo voltaje (menos de 24 W).

Los trucos que simplifican la vida

- Pon una silla plegable o una mecedora en el cuarto del bebé. Para ti resultará grato estar bien instalada y tener los brazos apoyados mientras amamantas.
- Cuelga en un muro una pizarra blanca magnética con algunos imanes, que te permitirá tener a la vista una receta, la postal de la abuela o los números telefónicos de emergencias. Sirve de recordatorio y permite colgar las cosas pequeñas que se caen.
- Las repisas son prácticas y útiles para todo lo que debe estar fuera del alcance del bebé. Pero no lo olvides: nunca las instales encima de la cama, ya que siempre existe el riesgo de que algo le caiga en la cabeza al niño.
- Evita los muebles muy de "bebé". Su duración es limitada: la fase de bebé pasa muy rápido.

Decidirse por un nombre

Uno desearía que fuera un nombre original, pero no difícil... Si te falta inspiración, hay obras especializadas que pueden dar ideas. Pon atención a los nombres compuestos producto de la moda y la diferencia a cualquier precio. La elección es vasta... ¡sólo hay que ponerse de acuerdo!

Decoración

La estimulación visual también procede:

- de los carteles que se ponen en los muros de la habitación,
- del móvil suspendido arriba de la cama del bebé,
- del espejo irrompible colocado al lado de él,
- de las estrellas fluorescentes que se pegan en el techo,
- de la pantalla para la lámpara, de papel o tela decorada, etcétera.

Encontrarás ideas de decoración en revistas especializadas. Y seguramente te dará mucho gusto hacer algunas cosas con tus propias manos y preparar el nidito en el que se acurrucará tu bebé.

El rincón para cambiarlo

Si no tienes una mesa para cambiarlo, podrás usar una tabla de planchar grande recubierta con una superficie lavable montada sobre unos caballetes altos. Sólo tendrás que colocarle una colchoneta delgada. Siempre ten a la mano:

- un grifo y un lavabo (no es indispensable, pero sí práctico);
- estantes para colocar los productos de baño;
- un cesto con tapa para colocar los pañales sucios;
- una gaveta para los pañales limpios, las toallas, etc;
- un rollo de papel absorbente;
- un móvil o carteles para distraer al bebé;
- ganchos en el muro para colgar guantes, toalla, pijama.

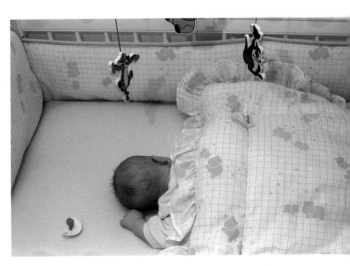

Equiparse

Quizá todavía no has comprado más que lo mínimo indispensable en cuanto a ropa o equipo y, dada la suma de los gastos, prefieres espaciar las compras. Tus amistades o tu familia esperan el nacimiento del bebé para saber qué más necesitas, pero antes de que nazca es bueno comprar el material que necesitarás.

La cantidad de objetos, muebles y accesorios que debes tener es impresionante. Algunos no pueden improvisarse, y hay que escoger los que respetan las normas de seguridad. Otros puedes hacerlos o improvisarlos. Acude a tus amigas o primas que acaban de dar a luz recientemente: el mercado "de segunda mano" se desarrolla cada vez más en el ámbito de la puericultura. ¡Los bebés crecen muy rápido! Algunos objetos o la ropa, necesarios a cierta edad, no hubo tiempo de usarlos y ahora ya no les sirven.

El material

Para los objetos más grandes, consulta catálogos y visita tiendas antes de tomar decisiones. Saldrás ganando si eliges material para "recién nacido" de buena calidad, sobre todo si ves que pueden usarlo varios niños. Para todo lo que no es urgente (que servirá hasta que el niño tenga seis meses o más) puedes hacer circular una "lista de artículos necesarios" entre familiares cercanos y amigos.

Tú decides lo que deseas adquirir según tu presupuesto, tus necesidades y el espacio del que dispones.

En casa

- Las mesas para cambiar al bebé son prácticas pero estorbosas, una cómoda o alguna mesa que ya no uses pueden servir. Lo esencial es que esté a una buena altura (no debes inclinarte para cambiar al niño) y que la superficie sea lavable y disponga de espacios para guardar. En cuanto a las colchonetas, las de hule espuma son más sólidas. Para evitar el contacto frío del plástico con la piel del bebé, haz dos o tres fundas con dos toallas cosidas, o bien mete la colchoneta en una funda de almohada que puedas cambiar regularmente.
- Las cunas son encantadoras, pero son una inversión considerable y no muy útil. No te preocupes en exceso a menos que de verdad sueñes con tener una.
- El moisés es una buena elección y sirve como cama para un recién nacido hasta que tenga edad para dormir en una verdadera camita. El moisés es interesante porque se puede transportar de una habitación a otra y llevarse de viaje fácilmente. Pero cuidado: un moisés nunca puede remplazar una silla para auto.
- La silla plegable, en cambio, es un equipo indispensable. Te servirá mientras tu hijo no se sostenga

Evita algunas trampas

- Durante los primeros seis meses el bebé crece muy rápido y con frecuencia se ensucia, por lo cual son necesarios varios cambios de ropa. Asimismo, utiliza material que pronto ya no servirá (bañera, carriola, cuna, moisés, asiento para el auto, etc.). Conclusión: si compras todo esto te costará una fortuna.
- Desconfía de las listas que presentan las revistas de moda y los manuales de puericultura. Infórmate más bien con tus amistades para saber qué es realmente práctico y útil.
- Todo tu equipo no tiene que ser nuevo ni estar a la moda. Puedes pedir prestados los objetos o puedes comprarlos de segunda mano a una amiga que ya no los necesite. ¿No conoces a nadie? Prueba con los anuncios clasificados impresos o electrónicos.

Ideas de decoración

• Ésta es una decoración que con el tiempo puede ocupar todo lo ancho de la habitación. Empieza por recortar la forma de una locomotora en un cartón y píntala. Después sujétala con alfileres o engrápala en un muro (no muy alto, que tu niño pueda verla). Cada vez que recibas una postal, no tienes más que pegarle rueditas de cartón en la parte inferior y después cuelga cada postal detrás de la locomotora. Así queda un nuevo vagón.

• En las primeras semanas después de dar a luz, seguramente recibirás muchas tarjetas de felicitación. Sujétalas o engrápalas una debajo de otra en un listón largo de terciopelo negro y producirán un hermoso efecto, sobre todo si amarras el listón con un gran moño.

sentado. Escoge pues un modelo resistente, con un sistema de sujeción ajustable según el peso de tu hijo, con una armadura rígida o de tela resistente.

• Aunque es inútil si bañas a tu bebé en el lavabo, la bañera de plástico será necesaria cuando crezca. Puedes sustituirla por una palangana grande. Cuida tu espalda si la bañera está en el suelo y no a tu altura.

Equiparse para el paseo

• Si siempre has soñado con una auténtica carriola tradicional, pues adelante; pero una sillita transformable siempre será más manejable y económica. Una carriola cómoda puede, al principio, servir de cama.

• Al principio, es inútil comprar una sillita si tienes una carriola. Sin embargo, la sillita será indispensable a la larga. De entrada, mejor que sea sólida, cambiable, equipada con un capote para la lluvia.

• Aunque opcional, el portabebé es, sin embargo, muy práctico y económico. La forma de "canguro" es la típica, pero tú decides qué te conviene más. Lo esencial es que sea resistente, fácil de guardar y que tú y tu bebé se sientan bien, pegados uno al otro. El canguro tiene la ventaja de que te deja las manos libres. En cuanto al bebé, allí se calma muy rápido.

• Un último elemento indispensable para transportar a un bebé hasta los seis meses (nueve para el asiento) es la cama para el auto. Procura un sistema

conforme a las normas de seguridad, e instálalo desde que salgas del hospital. Como es fácilmente adaptable, la cama para el auto también puede ser útil como cama adicional durante algunos meses.

El material pequeño

Ya se vio todo respecto a los artículos de mayor tamaño de los primeros meses. Ahora te hará falta lo siguiente:

• biberones de primera etapa con sus tetinas, bien graduados (uno o dos si amamantas, seis si no lo haces);

• un sistema de esterilización, en frío y en caliente;

• un calientabiberones (una cacerola para hervir agua o el horno de microondas pueden servir);

• botellas de agua según sea conveniente a su alimentación;

• una provisión de pañales de primera etapa.

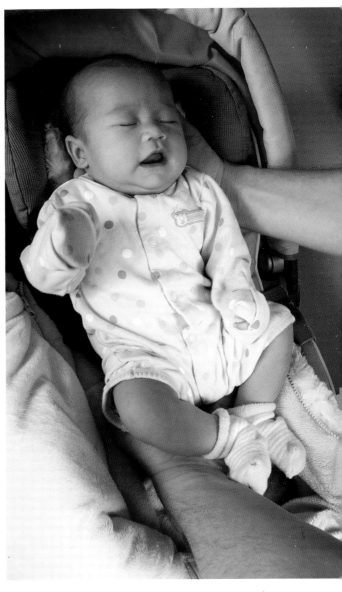

La ropa de bebé

- 4 camisitas de algodón (y trajes completos de talla 3 o 4 meses)
- 3 camisitas más calientes
- 6 mallones de algodón
- 6 camisetas de una sola pieza de felpa
- 2 chalecos
- 6 pares de calcetines
- 1 manta cerrada o un traje forrado de franela, para exteriores
- 1 par de guantes de algodón
- 1 gorro (a un bebé se le enfría la cabeza muy rápido)
- 6 baberos
- 6 pañales de algodón (para proteger la almohada, la ropa)
- 2 trajes camiseta (para abajo de la pijama)
- 2 sábanas de cajón para el colchón
- 1 manta ligera y suave
- 4 fundas o sábanas de algodón

Tu maleta de maternidad

- 2 camisones abiertos al frente (las camisas de hombre son muy prácticas) y una bata
- 1 par de pantuflas
- 1 maletín de baño (objetos de baño, agua mineral en aerosol, champú, pañuelos desechables)
- 2 toallas y un par de guantes de baño
- 1 secadora de cabello (muy útil en caso de una episiotomía)
- 2 sostenes para lactancia
- Calzoncillos desechables
- Tu libreta de teléfonos
- Algo con qué escribir
- Un *iPod* con tu música favorita
- Revistas y libros... ¡todo acerca del cuidado de tu bebé!

Por último, en algunos meses tendrás que completar el equipo con una sillita alta, un asiento para el auto, un corral y una cama de bebé con barrotes (o, si no, un colchón puesto en el suelo...).

El ajuar

Nunca se sabe la fecha exacta de cuándo dar a luz, por ello el ajuar también debe estar listo desde el octavo mes de tu embarazo.

Durante las primeras semanas el bebé pasa gran parte de su tiempo durmiendo. La ropa en la que está más cómodo es el pijama de una pieza, de tela elástica, también llamado mameluco.

Elige la ropa para el bebé un poco grande (talla 3 meses para cuando nace, excepto si es muy pequeño).

Y cuando compres ten más en cuenta su constitución que su edad. Sólo compra telas suaves, cómodas, ligeras, lavables a máquina y, de ser posible, que no requieran plancharse.

Escoge preferentemente ropa que no se meta por la cabeza, que no se abotone por la espalda, y que se abra por abajo para cambiar el pañal. Con un bebé pequeño, siempre dale prioridad a su comodidad y a los aspectos prácticos.

A menudo, sobre todo con un primer bebé, una tiene ganas de darse el gusto de proporcionarle lo mejor, lo más caro. No olvides que el bienestar del bebé reside en su propia comodidad y en el tiempo que pasan juntos.

Tienes un mínimo de compras que hacer para el aseo y la ropa de un bebé, pero piensa que probablemente recibirás ropa adicional como regalo.

La maleta para la maternidad

Es bueno prepararla desde el octavo mes con el fin de estar lista si el bebé se adelanta. Además de las cosas del bebé, también tienes que preparar las tuyas con atención. Ajusta las listas del recuadro anterior según si deseas amamantar o no, según tus gustos y en función de las exigencias de la maternidad.

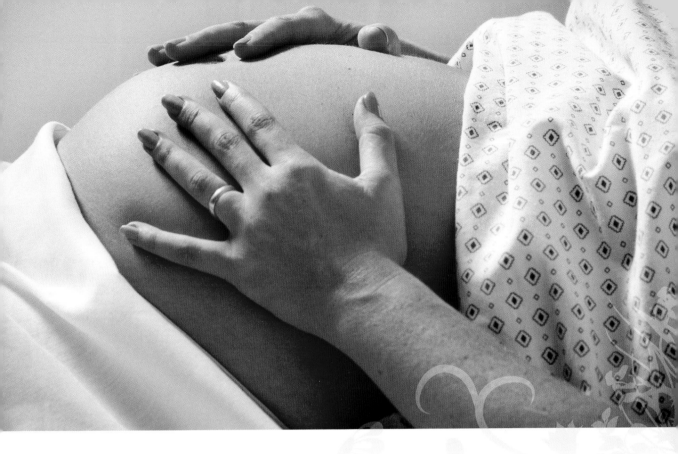

La estancia en la maternidad

El primer encuentro con tu pequeñito.
¿Cómo aprovechar mejor esos pocos días en la maternidad?

El gran día ha llegado. Ya entraste a la maternidad para traer a tu bebé al mundo. Empieza una gran aventura para la que ni tú ni tu pareja se sienten realmente preparados. A veces mezclada con preocupación, ¡qué alegría da la idea de conocerlo después de tan larga espera! Nueve meses de cohabitar te han permitido entablar un diálogo que ahora se enriquecerá con su llegada al mundo.

Sala de parto, intensos dolores, esfuerzo y, al final, el llanto, ese primer sonido de tu bebé. Si todo ocurre con normalidad, enseguida te colocan a tu bebé en el vientre, con la cabeza metida entre tus senos y con sus piernas dobladas sobre ti, y poco a poco se normaliza su respiración. Es una niña, o bien, un niño. Todo está en su lugar: diez deditos minúsculos, una nariz respingada... Todo comienza.

Las primeras impresiones

¡Ya está ahí! ¡En tus brazos! ¡Qué maravilla!
Está completo: dos brazos, dos piernas, diez
dedos de los pies, diez de las manos...
Tu bebé es el más hermoso del mundo. Terso,
redondito y de color rosa. ¿O no? Pues ya lo será
en pocos días. Por el momento, quizás tiene...

... la piel cubierta de una capa blanca y viscosa. Es el vernix, que cubrió su epidermis, la protegió, y lo ayudó a "deslizarse" en el momento del parto. El vernix se quita cuando se lava al bebé, pero es preferible que desaparezca solo en uno o dos días.

... la tez amarilla. Se trata de la ictericia del recién nacido, fenómeno que indica la destrucción de ciertos glóbulos rojos que ya no sirven, y que, en su forma normal, no necesita ningún tratamiento.

... la cabeza grande, un poco deformada, asimétrica o "en forma de cono". La cabeza de los bebés parece grande en comparación con la nuestra ya que representa, en proporción, la parte más grande de su cuerpo (una cuarta parte de su tamaño total). Además, los huesos del cráneo del bebé todavía no están soldados y la presión que padeció en el parto puede haberlo deformado ligeramente. Esto se acomoda solo.

... una abundante cabellera negra y vellos en hombros, espalda, orejas y frente. Esto es común: todos esos vellos desaparecerán en unas semanas.

... pequeños puntos blancos en la nariz y manchas rojas en la cara o en la nuca. También desaparecerán, los primeros más rápido que las segundas, pero éstas pronto quedarán cubiertas por el cabello.

... los ojos azul grisáceo, oscuros. Esto no significa que vaya a tener los ojos azules. Deben pasar varios meses, a veces años, antes de que los ojos del bebé tomen su color definitivo.

Estos son signos que no deben suscitar ninguna angustia. Son naturales y muy frecuentemente desaparecerán por sí solos. Tu bebé es realmente único en el mundo. Te ve, te oye, le gustan tus caricias y se aprende tu olor. En algunos días, será el más bonito de todos. En el momento de su nacimiento, el aspecto de tu recién nacido puede sorprenderte... No te preocupes, todo se arreglará muy rápido.

Justo después del nacimiento

Tu bebé se encuentra sobre ti, en tu vientre, todavía pegajoso, con la respiración apenas establecida. Ponlo boca abajo, con la cabeza cerca de tus senos y las piernas dobladas sobre ti. Cúbrele toda la espalda con las manos y dale masaje con ternura.

Que su primer contacto sea contigo cuando esto sea posible, piel con piel, y no con la especialista en bebés ni con una manta. Si el padre está presente, también él puede tener este contacto muy precoz con el bebé poniendo su mano cerca de la tuya.

Primer día: conocerse

O mejor dicho seguir haciéndolo... porque es evidente que el diálogo con tu bebé ya estaba establecido durante tu embarazo. Pero los días que pases en la maternidad realmente son el momento ideal para que, llena de amor y de disponibilidad, profundices el encuentro.

El aspecto de tu bebé

• La cabeza de un bebé, proporcionalmente, parece grande con respecto a la talla del cuerpo. Efectivamente lo es en comparación con la de un adulto. De manera progresiva tomará su forma bien redondeada.

• Algunos bebés nacen sin pelo, otros con mucho cabello y vellos que pronto se les caerán.

• Al nacer, todos los bebés tienen los ojos color azul oscuro, pero tomarán su color definitivo en el transcurso de los siguientes meses. Las lágrimas aparecerán también en unos cuatro o cinco meses.

• Con frecuencia la piel tarda unos días en tomar su lindo color rosado. Las marcas de nacimiento desaparecen entre los seis y los dieciocho meses.

La "afinación"

Esto es lo que los especialistas a veces llaman "afinación", es decir, el acuerdo que se establece entre el recién nacido y su madre, pero también con su padre, y que empieza desde que llega al mundo.

Utiliza esos momentos

- Para hablarle suavemente a tu bebé, darle la bienvenida.
- Para continuar acariciándolo tiernamente, la cabeza, a lo largo de la espalda, después todo el cuerpo; verdaderas caricias lentas y suaves, pero no te conformes con caricias rápidas; las primeras pueden dar como resultado mucho bienestar en el plano fisiológico para ambos.
- Para colocar al bebé en tu seno si deseas amamantarlo.
- Para intercambiar con el papá tus primeras impresiones y pídele que tome las primeras fotos.

Primero, una puericultora o una especialista se llevará al bebé por algunos minutos para un rápido examen: liberación de las vías respiratorias y digestivas, colirio, aseo, colocación del brazalete de identificación. Después te lo devolverán y podrás conocerlo mejor. A veces podrán darle un baño justo a tu lado. Finalmente, después de una hora o dos, si todo va bien, estarán juntos en la habitación y podrás conocerlo con toda tranquilidad.

Durante las horas siguientes

Si el parto se dio con normalidad, sin mucho sufrimiento para ninguno de los dos, el bebé permanece cerca de ti durante más o menos dos horas, en la sala de parto. Incluso si está en incubadora, puedes pedir que lo traigan cerca de ti, a tu alcance.

Quedarás sorprendida al ver a tu hijo tan despierto, calmado, tranquilo y atento, como si ya hubiera olvidado la "tempestad" de la que salió.

El recién nacido en este momento es totalmente receptivo a tu mirada, a tus palabras, y sensible al recibimiento que le des, no lo dudes.

Transcurridas estas dos horas de estar frente a frente, te regresarán a tu habitación para que comas y reposes. Volverás a estar con tu bebé un poco más tarde, ya vestido y acostado en su cuna, deseoso de verte nuevamente.

A veces ocurre que un problema de salud que afecta a la madre o al niño les impide aprovechar al máximo estas primeras horas. Si es tu caso, no te sientas mal: en cuanto puedas, recupera el tiempo perdido aumentando la atención y la ternura.

Los primeros encuentros

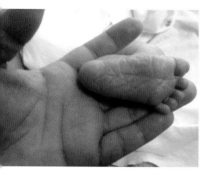

Los pocos días que pases en la maternidad, liberada de responsabilidades y de preocupaciones materiales, serán benéficos si aprovechas para:

1. Descansar.
2. Conocer a tu hijo.
3. Hacer todas las preguntas que se te ocurran, incluso las que te parezcan demasiado simples. Para no olvidar nada, escribe tus dudas a medida que surjan: harás tus preguntas justo en el momento de la visita de la puericultora o del médico.

Procura, sin importar cuáles sean las reglas en la maternidad, tener a tu bebé contigo en los momentos cuando esté despierto, que son muy breves. En tus brazos percibe de nuevo el ritmo de tu corazón, que ya conocía muy bien, aprende a identificar tu voz y descubre tu olor, que en poco tiempo será capaz de reconocer. A veces hay problemas de salud que impiden que la madre y el bebé se encuentren rápi-damente y que aprovechen al máximo esos días de intimidad. Si es tu caso, no te decepciones. Pide que pongan en la cuna del bebé una prenda tuya con tu olor y ve a verlo lo más que puedas.

El amor materno

Contrariamente a lo que una se imagina, el amor materno no siempre es instantáneo. Aunque algunas madres se deshacen inmediatamente en halagos, otras, agotadas por el parto, preocupadas o decep-cionadas con respecto a sus expectativas, se sor-prenden al no sentir atracción hacia su bebé.

Muy pocos son los partos perfectos y pocos los bebés que se asemejan al bebé soñado. Hay que tener en cuenta las hormonas y la fatiga... No obs-tante, el amor de los padres por su hijo se desarrolla en el curso de los primeros días, luego se va profun-dizando con la fuerza de lo cotidiano, mediante los lazos que van tejiendo un sólido vínculo.

Pegado a ti: un lugar privilegiado para el bebé

- De este modo el bebé vuelve a escuchar los latidos de tu corazón, que lo arrulló durante todo el periodo intrauterino. Volver a escucharte "desde afuera" lo apacigua y ciertamente desarrolla en él un sentimiento de seguridad.
- Pegado a tus senos percibe tu olor y ya tiene el reflejo de refugiarse allí.
- Si tú y el papá le hablan a tu bebé, llámenlo por su nombre, volverá a escuchar sus voces, cuyas vibraciones ya percibió antes de escucharlas. Seguramente esas voces las percibe de manera diferente de como las oía en el útero, pero dado que tienen las mismas inflexiones y los mismos acentos, el bebé las reconocerá.

Descubrirse

En los primeros días de su vida, el contacto físico precoz de un recién nacido con su madre es muy importante, se establece un lazo único e inalterable.

El *baby-blues* o la depresión posparto

Esos pocos días en la maternidad les pertenecen
a ti y a tu bebé. Ni él ni tú están enfermos.
El personal médico está para atenderlos,
pero también para auxiliarlos a ambos
a empezar bien su vida en común.

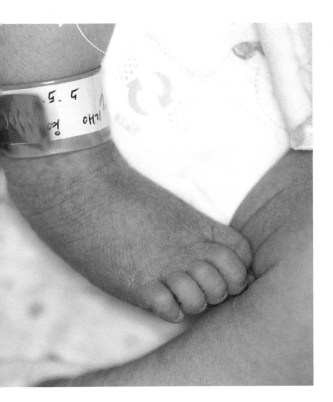

Para salir de este estado, que por suerte es pasajero:
- No te quedes sola: llama a tu madre, a una amiga o pide a tu pareja que se tome un día de licencia.
- Dedícate total y únicamente a tu bebé.
- El contacto "piel con piel" es muy importante. Déjalo expresar cuán feliz está de haber llegado a casa y lo bien que hizo al elegirte como madre.
- Descansa lo más posible.
- No olvides darte "pequeños placeres" que te suban el ánimo.
- Ármate de paciencia.

Consejos para la maternidad
- Excepto en los casos de emergencia médica, tú tienes la palabra sobre la manera en que deberán ocuparse de tu bebé. Si tus peticiones son razonables (tener al bebé cerca de ti por la noche, por ejemplo, o lo contrario), exprésalas con gentileza y firmeza, y no temas por lo que pueda pensar el personal médico de ti.
- Si estás amamantando tienes el derecho de hacerlo cuando lo pida el bebé y no en los horarios de servicio.
- Solicita los medicamentos que existan para aliviar las pequeñas molestias (hemorroides, constipación, cólicos, los senos obstruidos, etc.), y no olvides informarte sobre sus efectos secundarios.
- Si estás cansada tienes derecho a rechazar o limitar las visitas. Ya tendrás tiempo de atender cuando vuelvas a casa.
- Levántate y camina en cuanto puedas.
- Pide que te dejen cuidar y darle un baño al bebé en compañía de la auxiliar de puericultura.
- Prepara todas las preguntas que le harás al pediatra cuando lo visites.

Una secuela muy frecuente
Estos pocos días y este lugar, que presenció el nacimiento de tu hijo, se quedarán grabados toda la vida. Lo que aprendas en el transcurso de esta estancia te dará confianza para cuando vuelvas a casa. Pero con frecuencia, en los días posteriores al parto, la joven mamá se siente vacía, triste, abatida, aunque no esté sola y lo tenga "todo para ser feliz".

Diferentes razones
Esta secuela tiene varias explicaciones.
- Algunas son fisiológicas: trastorno hormonal, adelgazamiento brutal, falta de sueño.
- Otras son psicológicas: sentimiento de soledad y de inmensa responsabilidad, separación del niño, etc.

Las capacidades de los recién nacidos

El bebé nace muy desprotegido y dependiente. Pero desde el advenimiento de la "bebología", nueva ciencia que tiene por objeto el estudio de las capacidades y el comportamiento de los bebés, se sabe que ellos son "verdaderas personas", asunto que las madres nunca habían puesto en duda.

Los puntos clave del chequeo médico

- Examen de las suturas de los huesos del cráneo y de las fontanelas, que son los espacios membranosos blandos entre el hueso frontal y los huesos parietales del recién nacido.
- Escuchar el ritmo cardiaco y la auscultación pulmonar para encontrar posibles anomalías o malformaciones.
- La palpitación del abdomen y sus órganos internos principales.
- Inspección de las manos y los pies, así como de los órganos genitales.
- Control de la tonicidad: ¿el bebé reacciona bien a la estimulación, sigue con la mirada los objetos, se comunica, etcétera?
- Verificación de la cicatrización del ombligo y de las caderas (con el fin de detectar alguna posible luxación).
- Toma de medidas (talla, peso, perímetro craneal).
- Verificación de los reflejos primarios. Desde el nacimiento, el bebé ya "sabe" hacer ciertas cosas, de entre las cuales olvidará algunas en unas cuantas semanas y deberá volver a aprenderlas. Citemos: el reflejo automático de caminar, el reflejo de sostenerse (el niño se sujeta fuertemente con las manos), el reflejo de succión (el bebé mama de manera espontánea), el reflejo de estiramiento cruzado de las piernas.

En el mundo entero hay equipos de especialistas que ya trabajan en este tema. Los científicos han elaborado material basado en la "succión no nutritiva": cuanto más se interesa un bebé por una situación, más fuerte jala una tetina conectada a un captador.

Sobre las capacidades del bebé

Actualmente se sabe con certeza que:

- el recién nacido oye y ve, reacciona a las caricias;
- reconoce el olor y la voz de su madre, y luego de su padre;
- es sensible a las voces y a las palabras;
- marca preferencias auditivas, visuales y gustativas;
- le atrae más lo complejo que lo sencillo;
- busca las miradas;
- imita la mímica del rostro;
- aprende y sabe modular su comportamiento ante una misma situación;
- busca comunicarse con otros seres humanos.

Esta última capacidad es la más importante y la más real. El bebé, como lo ha escrito Marie Thirion, "es capaz de anticiparse a su propio desarrollo y de manifestar un cerebro activo y actuante, capaz, desde el nacimiento, de comunicación social profunda y selectiva".

El primer chequeo médico

Antes de dejar la maternidad, tu bebé pasará, en tu presencia, un examen médico para verificar que todo esté en orden. Es importante que se realice cuando el bebé esté despierto y tranquilo. El examen resulta toda una prueba para el bebé, pero a menudo maravilla a los padres, que aprovechan para hacer preguntas al pediatra.

Algunos consejos
- Alterna los pechos de una ingesta a otra.
- Ayúdale a introducir el pezón en su boca.
- Evita complementar las tomas con un biberón.
- La higiene de los senos debe ser rigurosa.

Instalarte cómodamente para dar el pecho

Colocarte en una posición cómoda es muy importante. De noche puedes acostarte de lado, apoyándote sobre una almohada grande e instalar a tu bebé frente a ella, en el hueco que hace tu brazo. De día es agradable estar sentada en un sillón muy bajo, apoyando los brazos, con el niño en posición semivertical y que su cabeza repose en el hueco del brazo.

Si aún dudas...
- Siempre podrás pasar del pecho al biberón, pero nunca a la inversa. Prueba por unos días para tener certeza.
- Todas las madres pueden amamantar, salvo raras excepciones médicas, y su leche nunca es "demasiado pobre".
- La lactancia materna a veces fatiga pero no hace que se cuelguen los senos, no impide recuperar la línea y permite una buena retractación del útero.
- La hormona prolactina que activa la producción de leche también frena la ovulación. Pero en ningún caso debes considerar esto como un método anticonceptivo eficaz.
- Amamantar es económico y práctico, ¡la comida siempre está lista!

Los horarios

No te preocupes si los horarios de lactancia te parecen muy desordenados, en poco tiempo tu bebé pedirá de comer espontáneamente a horas fijas.

n régimen particular

er que amamanta puede alimentarse con ab-
libertad. Si bien los alimentos dan cierto sabor
che, esto sólo favorecerá la diversificación
ticia ulterior del bebé. La madre tiene que
agua en cantidades suficientes (dos litros de
día, además de lo que bebe acompañando
imentos).

> *Es forzoso evitar el tabaco, el alcohol*
> *y cualquier medicamento que el médico*
> *no haya autorizado.*

r cuando se lo pida

pio hay que amamantar según te lo pida el
sabe cuándo tiene hambre y determina así
de sus comidas y la cantidad que debe ab-
No sirve despertarlo para alimentarlo: cada
cuentra el ritmo que le conviene.

cia con biberón

sentirte culpable si, por elección o por ne-
escogiste alimentar a tu bebé con biberón.
eren buenas condiciones de higiene al pre-
mpiar los biberones. Pero, ante todo, el bebé
amor, tiempo y atención. Eso es mucho más
te que la manera de alimentarlo. Además el
de participar activamente, lo que puede ser
ortante para él y para aligerar la carga a la
optaste por el biberón, hazlo con alegría:
e sentirá igualmente contento y muy bien
o.

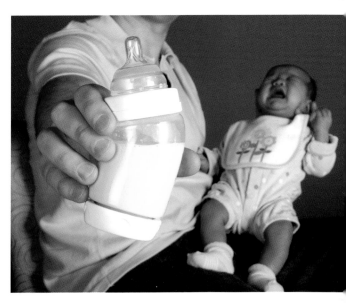

Cómo hacerlo

Ya sea que lo amamantes o le des biberón
es importante que te instales cómodamente
El bebé percibe el relajamiento y la tensión
muscular de quien lo tiene en sus brazos
y eso tiene incidencia en su apetito

Instalarse cómodamente

La mejor posición consiste en sentarse y apoyar el brazo que sostiene la cabeza del bebé sobre el brazo del sillón. Para tenerlo a la altura adecuada, resulta menos cansado ponerlo sobre un cojín o una almohada colocada sobre las rodillas de quien lo vaya a alimentar. Si la madre amamanta acostada, puede tenderse de lado, con la parte de arriba del cuerpo levantada con una almohada, y acostar a su bebé junto a ella. No es recomendable que el bebé se alimente en posición horizontal.

¿Tu bebé sigue llorando después de comer?

• Puede ser que todavía tenga hambre: ofrécele una pequeña ración extra para asegurarte.

Las sonrisas angelicales

¿Qué padre no espera impacientemente esa primera sonrisa de su bebé, signo evidente de bienestar? Durante las primeras semanas de vida, te sorprenderán esas sonrisas en la cara de tu bebé, que llamamos las sonrisas angelicales porque parece más bien que se dirigen hacia el cielo (o hacia el interior) en vez de a una persona en particular.

Un sentimiento de placer

Esas primeras sonrisas sólo implican a la parte baja de la cara y con frecuencia no van acompañadas de ningún otro gesto de los ojos. Sin embargo, ¡qué conmovedoras son! A pesar de que no parezcan dirigidas a nadie en particular, reflejan muy bien un sentimiento de placer. ¿A qué se deben esas sonrisas? Es muy difícil saberlo. A menudo aparecen después de la ingesta, se podría pensar que son testimonio de una sensación de plenitud y de satisfacción.

• Tal vez tenga una digestión difícil o sufra de c intestinales: tómalo en tus brazos, arrúllalo y ciale suavemente el vientre.
• Si llora de cansancio, arrúllalo un poco y acu No tardará mucho en dormirse.
• Es posible que llore porque no chupó lo sufi Ayúdale a tomar sus dedos o dale un chupó lo apaciguará.

Los biberones

No es algo muy complicado si sigues las indica de uso. El material que necesitas: biberones, esterilizador, agua embotellada, leche en po

Necesitarás alrededor de siete biberones y deben poder esterilizarse y de preferer irrompibles (un día tu bebé los usará solo). número mayor de tetinas que de biberones: tan más rápido y tienen que cambiarse tan s como sea necesario.

La esterilización

Tienes la opción de elegir entre dos sistema
• Esterilización en caliente: en un esterilizador olla de presión o en una cacerola llena de a ebullición. Biberones, tapas y tetinas, previ bien lavados y enjuagados, tienen que herví te 20 minutos.
• Esterilización en frío (la más práctica): sume pastilla esterilizante en un recipiente lleno fría (con tapadera). Los biberones y las tetin viamente bien lavados, deben sumergirse 15 minutos. Puedes ir sacando los biberone dida que los necesites, sin necesidad de e los. En cambio, es recomendable escurrirlo enjuagar las tetinas con el agua que usas p parar la leche de fórmula. Tienes que pre solución a diario.

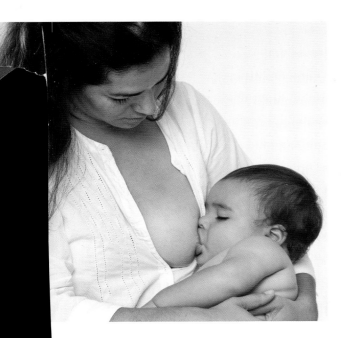

Algunos consejos

- Alterna los pechos de una ingesta a otra.
- Ayúdale a introducir el pezón en su boca.
- Evita complementar las tomas con un biberón.
- La higiene de los senos debe ser rigurosa.

Instalarte cómodamente para dar el pecho

Colocarte en una posición cómoda es muy importante. De noche puedes acostarte de lado, apoyándote sobre una almohada grande e instalar a tu bebé frente a ella, en el hueco que hace tu brazo. De día es agradable estar sentada en un sillón muy bajo, apoyando los brazos, con el niño en posición semivertical y que su cabeza repose en el hueco del brazo.

Si aún dudas...

- Siempre podrás pasar del pecho al biberón, pero nunca a la inversa. Prueba por unos días para tener certeza.
- Todas las madres pueden amamantar, salvo raras excepciones médicas, y su leche nunca es "demasiado pobre".
- La lactancia materna a veces fatiga pero no hace que se cuelguen los senos, no impide recuperar la línea y permite una buena retractación del útero.
- La hormona prolactina que activa la producción de leche también frena la ovulación. Pero en ningún caso debes considerar esto como un método anticonceptivo eficaz.
- Amamantar es económico y práctico, ¡la comida siempre está lista!

Los horarios

No te preocupes si los horarios de lactancia te parecen muy desordenados, en poco tiempo tu bebé pedirá de comer espontáneamente a horas fijas.

n régimen particular

ier que amamanta puede alimentarse con ab-
 libertad. Si bien los alimentos dan cierto sabor
eche, esto sólo favorecerá la diversificación
ticia ulterior del bebé. La madre tiene que
 agua en cantidades suficientes (dos litros de
l día, además de lo que bebe acompañando
limentos).

> *Es forzoso evitar el tabaco, el alcohol y cualquier medicamento que el médico no haya autorizado.*

er cuando se lo pida

ipio hay que amamantar según te lo pida el
 sabe cuándo tiene hambre y determina así
 de sus comidas y la cantidad que debe ab-
No sirve despertarlo para alimentarlo: cada
ncuentra el ritmo que le conviene.

cia con biberón

 sentirte culpable si, por elección o por ne-
, escogiste alimentar a tu bebé con biberón.
ieren buenas condiciones de higiene al pre-
impiar los biberones. Pero, ante todo, el bebé
 amor, tiempo y atención. Eso es mucho más
nte que la manera de alimentarlo. Además el
ede participar activamente, lo que puede ser
y importante para él y para aligerar la carga a la
mamá. Si optaste por el biberón, hazlo con alegría:
el bebé se sentirá igualmente contento y muy bien
alimentado.

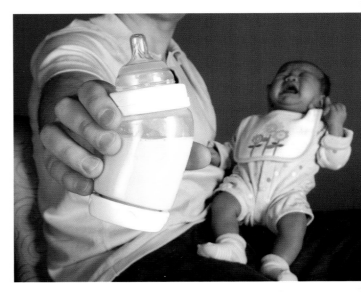

Cómo hacerlo

Ya sea que lo amamantes o le des biberón, es importante que te instales cómodamente. El bebé percibe el relajamiento y la tensión muscular de quien lo tiene en sus brazos, y eso tiene incidencia en su apetito.

Instalarse cómodamente

La mejor posición consiste en sentarse y apoyar el brazo que sostiene la cabeza del bebé sobre el brazo del sillón. Para tenerlo a la altura adecuada, resulta menos cansado ponerlo sobre un cojín o una almohada colocada sobre las rodillas de quien lo vaya a alimentar. Si la madre amamanta acostada, puede tenderse de lado, con la parte de arriba del cuerpo levantada con una almohada, y acostar a su bebé junto a ella. No es recomendable que el bebé se alimente en posición horizontal.

¿Tu bebé sigue llorando después de comer?

• Puede ser que todavía tenga hambre: ofrécele una pequeña ración extra para asegurarte.

Las sonrisas angelicales

¿Qué padre no espera impacientemente esa primera sonrisa de su bebé, signo evidente de bienestar? Durante las primeras semanas de vida, te sorprenderán esas sonrisas en la cara de tu bebé, que llamamos las sonrisas angelicales porque parece más bien que se dirigen hacia el cielo (o hacia el interior) en vez de a una persona en particular.

Un sentimiento de placer

Esas primeras sonrisas sólo implican a la parte baja de la cara y con frecuencia no van acompañadas de ningún otro gesto de los ojos. Sin embargo, ¡qué conmovedoras son! A pesar de que no parezcan dirigidas a nadie en particular, reflejan muy bien un sentimiento de placer. ¿A qué se deben esas sonrisas? Es muy difícil saberlo. A menudo aparecen después de la ingesta, se podría pensar que son testimonio de una sensación de plenitud y de satisfacción.

• Tal vez tenga una digestión difícil o sufra de c intestinales: tómalo en tus brazos, arrúllalo y ciale suavemente el vientre.
• Si llora de cansancio, arrúllalo un poco y acue No tardará mucho en dormirse.
• Es posible que llore porque no chupó lo sufi Ayúdale a tomar sus dedos o dale un chupó lo apaciguará.

Los biberones

No es algo muy complicado si sigues las indica de uso. El material que necesitas: biberones, esterilizador, agua embotellada, leche en pol

Necesitarás alrededor de siete biberones y deben poder esterilizarse y de preferen irrompibles (un día tu bebé los usará solo). número mayor de tetinas que de biberones: tan más rápido y tienen que cambiarse tan como sea necesario.

La esterilización

Tienes la opción de elegir entre dos sistema
• Esterilización en caliente: en un esterilizador olla de presión o en una cacerola llena de ebullición. Biberones, tapas y tetinas, previ bien lavados y enjuagados, tienen que hervi te 20 minutos.
• Esterilización en frío (la más práctica): sume pastilla esterilizante en un recipiente lleno fría (con tapadera). Los biberones y las tetin viamente bien lavados, deben sumergirse 15 minutos. Puedes ir sacando los biberone dida que los necesites, sin necesidad de e los. En cambio, es recomendable escurrirlos bie enjuagar las tetinas con el agua que usas para preparar la leche de fórmula. Tienes que preparar la solución a diario.

La leche en polvo

Respecto a la leche, se trata de un alimento lácteo dietético para primera edad, fabricado con leche de vaca modificada y transformada con el fin de satisfacer las necesidades del bebé.

Respeta la cantidad indicada para la reconstitución, que generalmente es de una medida al ras para 1 onza de agua. Aumentar la proporción no hará más que perjudicar la salud de tu bebé.

La preparación de los biberones

Un recién nacido bebe en promedio cada tres o cuatro horas, pero eso depende mucho de su peso y apetito. Lo mejor es que te dejes guiar por él. Un bebé con hambre sabe cómo darse a entender con su llanto.

Al principio, el ritmo de las comidas será por fuerza irregular. No sirve de nada despertar a tu bebé para que coma. El hambre se encargará de hacerlo. Seguir sus necesidades requiere una gran disponibilidad, y es así como todo se va acomodando más fácilmente. Verás que sus horarios se estabilizan al pasar las semanas.

Preparar un biberón

Puedes preparar los biberones del día con anticipación, con la condición de conservarlos en el refrigerador (y por no más de 24 horas) y de recalentarlos uno por uno. Pero nunca conserves para la siguiente comida la leche que el bebé deja en el biberón. Si tienes horno de microondas, es igual de rápido preparar los biberones a la hora de comer. Se puede proceder como sigue:

- Pon la cantidad de agua necesaria en el biberón.
- Calienta el agua (en el microondas, a baño maría, en el calentador de biberones). Con el agua a temperatura ambiente (20 °C) o tibia es suficiente.
- Pon la cantidad de medidas de leche al ras correspondientes a la cantidad de agua. Después ajusta el chupón y la rosca.
- Agita levemente para disolver el polvo.
- Coloca unas gotas en el dorso de tu mano para ver si la temperatura es la correcta.
- El biberón está listo.

Preguntas sobre los biberones

- ¿Cuántos biberones darle al día?
Un recién nacido ingiere con una frecuencia de alrededor de tres horas, más tarde cada cuatro horas, lo cual significa siete, después seis ingestas por día. El número varía y depende del peso de cada niño.

- ¿Cómo conservar fresco el biberón en un paseo un día de mucho calor? Llena sólo un cuarto del biberón. Ponlo en el congelador. Al momento de partir, llénalo con agua. Envuélvelo en periódico. El hielo se derretirá lentamente y el biberón se conservará fresco.
- ¿Qué hacer si usas lentes para leer los numeritos o los puntos que corresponden a las salidas en la botella? Éste es un truco que te simplificará la vida. Pon una raya de barniz de uñas frente a la salida que deseas en la tapa del biberón, así ya no te equivocarás.
- ¿Cómo evitar que los biberones se derramen en tu bolsa? Antes de colocar la rosca enrolla un poco de cinta adhesiva transparente alrededor de la cuerda del biberón. Esto permite que cierre herméticamente. Pero no olvides retirarla antes de alimentar a tu bebé.

El orificio de la tetina

Las tetinas de primera edad no necesitan más que un pequeño orificio, y son convenientes para las primeras semanas. Las tetinas de orificios más grandes serán útiles cuando la leche sea más espesa.

Para saber si el orificio tiene el tamaño correcto, pon de cabeza el biberón lleno, éste deberá dejar pasar el líquido gota a gota rápidamente. Si el chorro es demasiado rápido, cambia la tetina y guárdala para las futuras papillas. Si es muy lento, amplía el orificio con una aguja caliente.

¿Qué cantidad de leche darle al bebé?

Esto depende de su edad y su peso. Empieza por 7 g de leche en polvo y 1½ oz (45 ml) de agua, después sigue los consejos de tu médico. El mejor guía será tu bebé, que comerá según el hambre que tenga y sin obligarlo. Si ya no tiene hambre dejará de beber. Pero si se acaba de un tirón los biberones, es

tiempo de aumentar las cantidades. Puedes preparar biberones un poco más llenos y dejar que tome lo que quiera, la cantidad puede variar de una comida a otra.

Alimentarlo a horas específicas o cuando lo pida

Tu bebé no es una máquina, él tiene su propio ritmo e irás descubriéndolo poco a poco. Todos los bebés son diferentes, lo mismo que sus necesidades en cuanto a la cantidad que ingieren y su frecuencia. Concentra tu atención para aprender rápidamente a interpretar sus "señales" en cuanto a su apetito y su saciedad. Cierta regularidad en las horas de comida es benéfica para el niño; y a ustedes, como padres, les permite prever y organizarse. Pero esta regularidad se dará lentamente, sin que tengas que forzar las cosas, incluso si admites que "tres horas" bien pueden ser dos horas y media o cuatro.

Comprende las necesidades de tu hijo

La leche materna se digiere más rápido que la leche en polvo. Amamantaste a tu bebé hace dos horas, pero ya está llorando. ¿Vas a dejar que llore hasta que sea la hora prevista? Es algo totalmente inútil y perjudicial. La ventaja del pecho es que el bebé toma la cantidad que quiere, sin que tengas que preocuparte. Haz lo mismo si tu bebé toma biberón. También tiene derecho a tener más o menos hambre, antes o después de la hora. Forzarlo a un ritmo estricto que no sea el suyo le puede provocar molestias.

Un momento de intimidad

Las nociones anteriores dan una imagen técnica de la lactancia. Pero se convierte muy rápido en una rutina sin dificultades, sabiendo que lo más impor-

Algunas consideraciones sobre los biberones

- Muchas madres recalientan los biberones en el microondas pues es práctico y rápido... pero muchos bebes se queman. El biberón está tibio pero la leche está hirviendo. Sé prudente y siempre vierte una gota de leche en el dorso de tu mano para verificar la temperatura.
- ¿A qué temperatura se debe dar el biberón?
  La temperatura ambiente es suficiente para el bebé, unos 20 °C.
  Si quieres que esté un poco más caliente, deja la botella de agua sobre el radiador. Si el biberón ya estaba listo en el refrigerador, mejor entíbialo en baño maría, o unos segundos en el horno de microondas.

Comprende las necesidades del bebé

Tenle confianza a tu bebé ya que está maravillosamente equipado para conocer o expresar sus propias necesidades. Él sólo desea, para sentirse feliz y seguro, que lo comprendas y que le respondas.

El hipo

Con frecuencia los bebés tienen hipo. Este reflejo ya lo tenía mientras estuvo en tu vientre. No te preocupes puesto que no les hace mal y desaparece solo.

"Sacar el aire" no es indispensable y no requiere despertar al bebé dormido en el pecho ni que con fuerza le den golpecitos en la espalda. Cuando haya acabado de comer, ponlo contra ti, con el mentón apoyado en tu hombro, y mécelo. Si después de diez minutos no expulsa el aire, puedes acostarlo en la cama.

Ayudar al bebé a eructar

- Extiende un trapo limpio sobre tu hombro.
- Pon al bebé frente a ti, el busto totalmente recto pegado a tu cuerpo, y la cabeza del bebé por sobre tu hombro.
- Masajea su espalda de abajo a arriba, de los glúteos a los omóplatos.
- También puedes darle palmaditas suaves, en medio de la espalda, al nivel del estómago, con la mano extendida. ¿Ya acabó de comer y no ha eructado? No te preocupes. Sostén al bebé un momento en tus brazos o ponlo en la silla plegable. Después acuéstalo y no te preocupes.

Precauciones en caso de que regurgite

- Haz la leche un poco más espesa.
- Inclina el colchón de la cama unos 30°.
- Dale al bebé, antes de cada comida, algún medicamento para calmar las contracciones del estómago. Finalmente, no debes olvidar que las regurgitaciones importantes también pueden ser producto, si no hay malformación del estómago, de la intolerancia a la leche que le das. No tomes la decisión de cambiarla. El médico será quien mejor te pueda aconsejar e indicarte cómo alimentar a tu bebé.

---

tante es el intercambio de intimidad y ternura que ofrece el momento de las comidas.

Para dar el biberón no dejes que nada te distraiga. Tu bebé te mira a los ojos: está tratando de comunicarse y emitirá pequeñas señales o gruñidos que aprenderás a interpretar. Relájate, sonríele, háblale. Cuando ha acabado de comer, se siente colmado y feliz. Cuando el papá le da el biberón, no sólo le quita la carga a la madre (¡sobre todo en las noches!), sino que también se da la oportunidad de crear un lazo estrecho y privilegiado con su bebé. Lo esencial reside en el placer de los tiernos encuentros que son los momentos de las comidas.

Tómate tiempo de dejarlo beber a su ritmo, incluso si se detiene para descansar, y dale tiempo de eructar sin que esto se vuelva una obsesión. Con su padre, al igual que contigo, al bebé le gusta hacer de la hora de la comida momentos de dulce complicidad para dormirse tranquilamente en los brazos que lo resguardan.

El eructo

El eructo es un reflejo digestivo que corresponde a una expulsión de aire del bebé, a veces acompañada de un poco de leche. El bebé traga ese aire junto con la leche al momento de mamar; ocurre poco en los bebés alimentados con pecho y es más común en los que usan biberón.

Algunos bebés esperan a que se acabe el biberón para emitir rápidamente un eructo, otros necesitan dos o tres pausas durante la comida para expulsar el aire tragado. Lo notarás en el hecho de que el bebé deja de mamar, rechaza y se pone levemente tenso. Por ello es aconsejable procurar una "pausa para eructar".

y el aspecto cuajado de la leche expulsada significan que la digestión ya había iniciado. Pero si parece que le duele, se agita y expulsa más leche cuajada, se trata de un verdadero vómito, doloroso para el bebé. Si se repite, es una señal de alarma que no hay que desatender. Las medidas concretas que debes tomar te las explicará un médico. Puede tratarse de un relajamiento del cardias o de un reflujo gastroesofagico, que requieren un tratamiento rápido. Las medidas concretas a tomar te las explicará un médico.

Las regurgitaciones son con frecuencia un fenómeno de reflujo, debido a que la válvula de la parte alta del estómago no está bien cerrada, y desaparecen hacia los diez o doce meses. Pero, en lo que desaparecen, tienes que tomar algunas precauciones para evitar los reflujos ácidos. Si no, a la larga podrían provocar quemaduras muy dolorosas en la pared del esófago.

Regurgitaciones

Todos los bebés expelen un poco de leche después de alimentarse. Estas regurgitaciones no son importantes ni impiden que aumente de peso, y con frecuencia son asunto de bebés tragones. Su olor ácido

Cuando las regurgitaciones no son abundantes ni tienen incidencia en el peso del bebé y no parecen causarle dolor, no sirve de nada preocuparse. Se trata de un "exceso" del que el bebé se está deshaciendo.

Los primeros días en casa

Los primeros días en casa pueden ser desconcertantes: conoce bien las necesidades de tu bebé, aprende qué esperar sin complicarte.

Vuelves a casa con tu bebé dormido y sabes que ya nada volverá a ser como antes. Todo el material está ahí; la casa está lista para recibir al nuevo habitante. Ya sea que estés muy preocupada o totalmente seducida por la magia de las primeras horas, necesitarás algunos días para encontrar la mejor comodidad y convertirte en una campeona de la organización. Es ahora cuando tú y el padre del bebé lo van a conocer realmente. No hay por qué precipitarse ni tener pánico. Tu bebé no podría soñar con mejores padres que ustedes. Él los eligió y ya los ama. Ahora ténganle mucha confianza: es él quien los hará padres, al hacerlos comprender lo que es bueno para él. Asimismo, ustedes ténganse confianza, y háganle caso a su instinto y a su capacidad de ternura. Todo saldrá bien.

La dulzura

El bebé es en extremo sensible a la dulzura que manifiestan los que se ocupan de él. Una sospecha de nerviosismo o de impaciencia o una ausencia de calidez en el contacto bastan para que se sienta descontento y llore.

El contacto corporal

Para empezar, dulzura en el contacto. Al bebé, dado que es totalmente dependiente, hay que manipularlo mucho tiempo. Cambiarle pañales, bañarlo, moverlo, darle de comer son situaciones en las que el cuerpo del bebé está en tus manos, en sentido estricto. Él siente si tus manos son cálidas, tranquilas y acogedoras o si son frías, técnicas, con prisa por acabar lo que están haciendo. En este caso, el bebé manifiesta su insatisfacción y se vuelve irritable. La relación corporal es tan importante para él —su sentido del tacto es tan delicado— que no puede soportar la brusquedad.

Después, dulzura en la voz. Así como un bebé sucumbe al encanto de una voz cálida, tranquila, segura de sí, que se dirige a él con palabras tiernas, así también se retuerce si está en contacto con una voz arisca, agresiva, chillona o angustiada.

Algunos bebés son hipersensibles a la falta de dulzura. Si lo has notado en tu hijo, aléjalo de quienes han perdido el sentido de la intimidad con los bebés y que te hacen dudar de la bondad del mundo.

Las necesidades fundamentales del bebé

Para desarrollarse armoniosamente, un bebé no sólo necesita leche, sino también muchas otras cosas. Les puedo asegurar que, para él, se trata de necesidades cuya reivindicación es legítima y que debemos satisfacer. No son caprichos, de ningún modo. Al responder a esas necesidades no solamente no malcriarás a tu bebé, sino que le permitirás convertirse en un niño más fácil y, por tanto, más feliz.

Cargar al bebé

Durante las primeras semanas el recién nacido parece tan pequeño y tan vulnerable que algunas madres, y sobre todo algunos padres, rehúsan manipularlo.

En realidad el bebé es flexible y robusto. Suavidad y firmeza son las reglas de base para que el bebé se sienta en confianza y seguro cuando lo cargas.

Posiciones que le agradan

- Aquellas en las que se siente muy cerca de ti, entre tu olor y tu calor. Le gusta acurrucarse en tu cuello y que lo sostengas de las nalgas, pero también le gusta estar de frente y poder mirar tu rostro.
- El bebé necesita contacto físico. Bastará cualquier posición en la que esté cómodo y en contacto contigo. No dudes en sostenerlo firmemente y acurrucarlo contra ti, sobre todo durante las primeras semanas: esto le da un sentimiento de seguridad. Es el caso también de cualquier posición en la que, con la espalda del bebé en posición vertical, le sostienes bien la columna vertebral apoyando sus nalgas firmemente.

Consejos importantes

- Duerme o por lo menos descansa mientras el bebé duerme, ya sea de día o de noche.
- Ten a la mano tus horarios de sueño y comida. Eso te ayudará como referencia.
- Conecta una contestadora telefónica cuando estés descansando.
- No te quedes sola, ocúpate de ti misma, que te ayuden y dale su lugar al padre.

Sostenerle la cabeza

El bebé todavía no sostiene la cabeza, lo cual exige ciertas precauciones. Durante las primeras semanas, es importante que no cargues nunca al bebé sin sostenerle la cabeza. Aunque tenga la espalda totalmente recta, el recién nacido siempre necesita mantener la cabeza apoyada.

Cuando sostengas a tu hijo evita:
- sostenerlo simplemente de las axilas;
- cargarlo por atrás o por sorpresa sin que pueda anticipar tus intenciones.

Arrullar al bebé

Antes, a los bebés pequeños los acostaban en cunas, ya fuese de las suspendidas con correas o de las que se mecían suavemente con el pie. Las nodrizas y las madres sabían bien que, habituados al movimiento acuático del vientre materno, los bebés se calmaban y dormían mejor si los mecían de ese modo. Les tarareaban una dulce canción para acompañarlos.

Por fortuna, ya va quedando atrás el tiempo en el que se desaconsejaba mecer a los bebés, con el pretexto de que eso les creaba "malos hábitos". Si heredaste la cuna de tus abuelos, sabrás que en ese entonces la tradición era instalar al recién nacido en una camita a su medida y que se pudiera mecer. Las cunas auténticas están desapareciendo: les corresponde ahora a los padres asumir ese papel y mecer. ¿Por qué no instalarse cómodamente en una mecedora que arrulla al padre o a la madre y a su bebé a la vez?

La postura de la cabeza a lo largo de las semanas

Enseguida se describe la forma en que el bebé sostiene su cabeza en el transcurso de las primeras semanas de vida. El número de semanas que se indica sólo es un punto de referencia; hay diferencias individuales, las cuales son absolutamente normales.

Nacimiento:
- La cabeza no se sostiene sola y se va para atrás o para adelante si no está apoyada.
- Acostado con la cara de frente al colchón, el bebé puede volver la cabeza.

4 semanas:
- Si se levanta al niño suavemente y se sostiene sentado, puede levantar la cabeza en posición vertical por un brevísimo momento.

6 semanas:
- Acostado boca abajo, el bebé ya puede levantar su cabeza al mismo tiempo que el cuerpo, a 45°, por más o menos un minuto.
- Acostado boca arriba, el bebé gira su cabeza a la derecha y a la izquierda e intenta levantarla.

8 semanas:
- Sentado, la cabeza se sostiene mejor alineada con respecto al cuerpo, pero sin estabilidad.

12 semanas:
- Acostado boca arriba, el bebé puede mantener la cabeza en medio y sostenerla.
- Acostado boca abajo, puede sostener la cabeza y mantenerse así un momento si está apoyado en los codos.

16 semanas:
- Acostado boca arriba o boca abajo, el niño puede sostener la cabeza durante periodos cortos. Apoyándose en los antebrazos, puede quedarse varios minutos con la cabeza bien despegada del suelo.
- Si se le coloca sentado, mantiene la cabeza muy recta.

¡Cuidado!

No conseguirás calmar al bebé ni crear un clima apacible a menos que estés tranquila y apaciguada. Es inútil fingir si son las tres de la mañana y más bien tienes ganas de encerrarlo en un ropero para volver a dormirte. A esta edad el bebé está en contacto directo con tus emociones reales, de modo que sólo sentirá tu tensión interna y tu impaciencia por que todo se acabe. Entonces, si no te sientes de humor para mimarlo y hacerle cariños, más vale dejar al niño solo en su cama, con su cajita de música, y ayudarlo a encontrar su dedo pulgar, en vez de transmitirle una tensión que va en aumento...

Muchos estudios han puesto en evidencia que los bebés a los que se mece y a los que con frecuencia se toma en brazos se desarrollan mejor y son más tranquilos que los demás. Desarrollan lazos de confianza con sus padres y se sienten amados. Entonces haz caso a tu instinto si te dice que mantengas a tu pequeño calientito y bien pegado a ti.

Mecer al bebé impide que tenga un carácter más difícil, y lo ayuda a adquirir seguridad interior, que es un bien muy preciado. ¿Qué idea del mundo le quieres dar a un pequeño que acaba de llegar? ¿La de un mundo frío en el que uno enfrenta solo sus molestias o la de un mundo cálido en el que unos brazos acogedores llegan a darle auxilio? Los investigadores empiezan a poner en evidencia que los contactos corporales estrechos entre la madre y el bebé no sólo tienen efectos psicológicos, sino también biológicos. Entre las crías de rata, al darles el mismo alimento, la síntesis de proteínas funciona mejor si la madre las ha lamido.

El sonido del corazón y el olor de la madre

Tu bebé está limpio y bien alimentado, y sin embargo llora. No logra conciliar el sueño. Ponlo pegado contra ti y apoya su oreja sobre tu pecho, del lado izquierdo. Oirá el sonido rítmico de tu corazón, sonido que lo arrulló durante nueve meses de vida en tu vientre. Ese sonido lo tranquilizará. Mantenlo ahí tiernamente y verás que se calmará.

¿Tienes que moverte? Instala al bebé en un canguro. Además del sonido de tu corazón, encontrará el ritmo de tus pasos, el balanceo de tu caminar. Para tu bebé, el contacto físico contigo —dado que le permite encontrar tu cuerpo, tu olor, tu movimiento, todo lo que le gusta y lo tranquiliza— siempre será mejor que una carriola o una cuna rígidas. Tu hijo conoce bien tu voz: la oía antes de nacer. Ya conoce el olor de la piel de su madre y la suavidad de sus

La cuna, el arrullo... y la canción de cuna

Seguramente memorizaste algunas canciones de tu infancia, y podrías inventar melodías dulces. Entonces no vaciles en cantar para tu bebé. Nada "lo encantará" más cuando se vaya quedando dormido. Mejor que cualquier disco, el bebé preferirá tu voz tarareándole alguna melodía que se remonte a tu infancia. Una mano apoyada ligeramente en su cuerpo, algunas palabras cantadas al ritmo de tu respiración, y tu bebé se dormirá feliz.

¿Tu bebé tiene cólicos?

¿Crisis de llanto que no entiendes? Si tu instinto y tu buen sentido común te impulsan a tomarlo en tus brazos y abrazarlo tiernamente, no dudes en hacerlo. Ponlo a la altura de tu corazón y cántale una canción suave y apacible. No podrás procurarle mayor placer.

Varios estudios demuestran que el bebé tiene intereses

- Por las personas más que en los objetos.
- Por aquello que se mueve que en lo que está estático.
- Por los contrastes que en los colores suaves.
- Por los rostros que en cualquier otra cosa.
- Aprovecha para colgar dibujos muy sencillos hechos con marcadores negros gruesos, arriba o al lado de la cama de tu bebé. No olvides cambiar los dibujos de vez en cuando para renovar la curiosidad y el interés del bebé; círculos concéntricos, grandes rayas alternadas en negro y blanco, rostros estilizados, etcétera.

¿Le cuesta trabajo dormirse?

Siéntate cerca de la cama, pon una mano con suavidad en el bebé y cántale suavemente, al ritmo de su respiración, después más y más lento. No te detengas por el hecho de que no conozcas otras canciones de cuna. La más bella será la que inventes con tus propias palabras, la que tranquilizará al niño: papá, mamá, su nombre, etcétera.

Los llantos nocturnos

Muchos bebés, al final del día, se ponen a llorar sistemática y misteriosamente. Existen varias explicaciones:

• El bebé necesita expresar y descargar todas las emociones acumuladas en el día.
• Es la hora en la que la madre está más presionada y cansada, y el bebé no hace más que reflejar la tensión en el ambiente.
• Resiente la angustia provocada por la noche que cae.

Esos llantos regulares, a la hora en que se prepara la comida, cuando papá llega del trabajo, a veces son difíciles de soportar. Trata de permanecer en calma pues cuanto más tenso está el ambiente, más llora el bebé. Piensa que tu bebé seguramente necesita descargar también su propia tensión.

manos. En las primeras semanas de su vida necesita volver a sentir el contacto con su madre, lo suficientemente cerca para percibir su olor, escuchar su corazón, mirarla a los ojos (él ve con claridad a 25 cm) y sentir la suavidad de sus manos. Acaba de ser expulsado del paraíso, del único lugar que conocía. El contacto cuerpo a cuerpo con su madre lo ayuda a crear el vínculo con su vida actual y a que le parezca bueno el mundo en el que está entrando.

Una pasión por los rostros y la mirada

A los bebés muy pequeños les apasionan los rostros —el de su madre en particular— y los ojos. Esta parte del rostro es en efecto la que más contrasta, y por ende la que resalta más en un rostro (los bebés ven sobre todo los colores de mucho contraste).

Pero la mirada es ante todo la parte del rostro que "habla" mejor. Sonrisas, guiños, brillo, abrir y cerrar, los ojos siempre están moviéndose y son muy vivos. Son el reflejo del estado de ánimo y un recurso inagotable de comunicación no verbal.

El bebé busca permanentemente la mirada: por eso es importante no negársela nunca. Por el contrario, para poder crear una buena relación, hay que entrar en ese juego de contacto visual con tu bebé en cualquier ocasión mientras está alimentándose, por supuesto, cuando le hablas a tu bebé o cuando lo tienes frente a ti. Esos largos intercambios, con frecuencia silenciosos, con tus ojos mirando los de él, son momentos llenos de amor y de identificación. Ese primer diálogo concierne también al padre y a los hermanos y hermanas: a ellos les corresponde tomarse el tiempo para un intercambio detenido y para hacer que el bebé los reconozca.

Las capacidades del bebé: la vista

Las actividades reflejas se van haciendo más claras y eficientes. En cuanto se le roza la palma de la mano o la planta del pie, el bebé se sujeta fuertemente. Puede incluso sujetar un objeto, pero muy pronto lo soltará de manera involuntaria. Eso prueba en particular que su vista ha mejorado bastante.

Puede distinguir los contornos de los objetos. Su campo visual se ha ampliado, pero siempre hay que presentarle los objetos de frente, aproximadamente a treinta centímetros para que los vea correctamente. El niño también empieza a seguir con los ojos un objeto que se desplaza con lentitud dentro de su campo visual.

¿Y el papá?

Su papel es igual de importante. Nadie negará que la madre tiene, en los primeros momentos, un papel privilegiado. Porque ella ha llevado a su hijo nueve meses, y debido a la preparación psicológica y hormonal que se efectuó en ella, debido a su disponibilidad cotidiana durante su permiso de maternidad, la madre vive en una total intimidad con su bebé.

Pero esa intimidad no debe excluir al padre. Su papel, indispensable, específico y fundador, empieza mucho antes del nacimiento. Presencia cálida cercana a su mujer, él debe estar cerca del bebé desde el principio, porque es distinto a la madre, y representa el exterior, el mundo de afuera, aporta una dimensión de alerta y de apertura que sin él no existiría.

> *El padre ejerce poco a poco un papel de contrapunto frente al amor de la madre, evitando que ella y el niño se encierren demasiado tiempo en una relación dual, exclusiva y cerrada. También le recuerda a su esposa que, aunque se haya convertido en madre, no ha dejado de ser su compañera.*

El padre es igual de importante que la madre, pero sus papeles no son intercambiables. Se ha demostrado que si el padre participa en la educación, el bebé parece poder ir más lejos, ser más listo y controlar mejor su impulsividad. A partir de los seis meses, se puede constatar que el bebé se calma en presencia de su madre, mientras que la presencia de su padre parece despertarlo y estimularlo. Hay que decir que los padres en general desarrollan más las actividades corporales con su pequeño y lo impulsan más a hacer esfuerzos y a encontrar su individualidad. El padre complementa a la madre y permite que el niño siga avanzando.

Los bebés lloran...

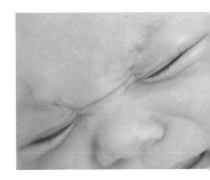

Ésta es una verdad que muchas madres jóvenes (y padres...) ignoran. En la maternidad se entiende: la agitación, los llantos de los demás bebés... es lógico que el de uno esté crispado. Pero una vez en casa e instalado en la tranquilidad de su ritmo, el bebé sigue llorando, y muy seguido.

Los gritos, un mensaje de atención a los padres

El recién nacido grita: es una señal de malestar o bien está desahogando una tensión interna. Progresivamente aprende que sus gritos te hacen venir y encuentras las maneras de calmar su malestar. Así nace la confianza entre ustedes. Atender al recién nacido cuando llora no lo vuelve caprichoso. Eso le da confianza en este mundo. Poco a poco estarás más en condición de entender el sentido de los gritos de tu bebé: tiene hambre, tiene sed, tiene frío o calor, está cansado, está sucio, le duele algo. El bebé sólo siente una molestia en la globalidad de su ser, y llama para que se la quites. Tú darás sentido a sus gritos y harás de éstos un lenguaje. Por supuesto, esto no sucederá de la noche a la mañana: es un proceso delicado durante el cual ambos aprenderán a conocerse.

Un medio de expresión

Ante todo hay que saber que el pequeño bebé reparte su tiempo en tres estados: duerme, está despierto y en calma o está agitado (llantos, gritos, etc.). El llanto es, a su edad, el único medio del que dispo-

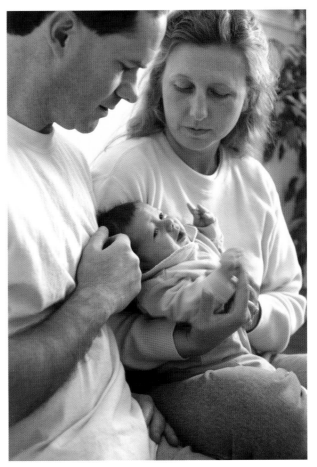

A veces nada consuela a tu niño

Los llantos de un bebé inquietan. A veces se encuentra la causa y el bebé se calma. En otras ocasiones una madre se agota intentando sosegar a un bebé, que no quiere saber nada. Todos los bebés atraviesan por dichos momentos. Si tu bebé rechaza incluso tus brazos, simplemente ponlo en su camita, dile que lo amas, que todo va a estar bien, y deja que vacíe su tensión. Vuelve a verlo. El bebé acabará descubriendo en sí mismo un medio para calmarse y dormirse.

Los llantos del bebé con frecuencia son estridentes, desgarradores. No puedes quedarte sin reaccionar, sin preocuparte, y es muy difícil no acabar exasperada (¡sobre todo en la noche!), lo que no arregla nada. Las crisis de llanto pueden repetirse cuatro o cinco veces al día, y extenderse por periodos que te parecen horas. A veces te agotas buscando la causa: ¿Qué necesitará? ¿Qué le dolerá? ¿Qué querrá decir? Comió, durmió, no le duele nada y de todas maneras llora... ¿Eres una mala madre porque no puedes hacer nada por él?

ne para comunicar lo que no está bien e intentar hacerte comprender lo que desea. Así que es algo positivo el que tu niño llore: tiene la esperanza de que lo entiendas y cuenta contigo para que vengas en su ayuda. Al correr las semanas, los gritos se van diferenciando y los padres comprenden cada vez mejor lo que significa tal o cual manifestación. Aprenden a diferenciar su respuesta en función del grito que escuchan, y este intercambio ya es un principio de diálogo.

Durante los nueve meses de vida intrauterina del bebé, todas sus necesidades estaban satisfechas: no tenía frío ni calor, ni hambre ni sed, no le dolía el estómago ni tenía la nariz tapada. De repente, luego de su llegada al mundo, descubre todas estas sensaciones tan desagradables. Y muchas otras: el cansancio, las luces intensas, los ruidos violentos, la piel desnuda, etc. Descubre al mismo tiempo que no posee los medios para reaccionar, que es demasiado pequeño y dependiente. ¿Qué harías tú en su lugar? Siempre pensé que los bebés muy pequeños lloraban tanto por sus necesidades legítimas como por su incapacidad para satisfacerlas... Hay que saber además que el bebé es muy sensible a las emociones de su madre, y en particular a su tensión nerviosa. El bebé de una madre cansada tenderá a llorar para llamarla y expresar su inquietud, lo que sólo hará que su madre se crispe más. Pero no te culpes si tu bebé llora mucho: ésa es su manera de comunicarse contigo; es mejor eso que un bebé muy apático que nada expresa. Intenta guardar la calma y responder lo mejor posible a tu bebé con lo que tienes que ofrecerle.

Tiene mucho calor, tiene mucho frío

A los bebés pequeños, en general, los cubren demasiado. Es mucho el miedo a que se enfermen. En realidad, corren el riesgo de enfriarse cuando los desvisten para darles su baño o cuando los dejan en una corriente de aire, pero si no...

Tu bebé es como tú: si tienes calor, él también tendrá calor. Si te sientes bien con una blusa, no sirve de nada ponerle dos a él. Observa bien a tu bebé, ya sea que esté dormido o despierto. ¿Tiene la nuca húmeda? Destápalo: tiene mucho calor. Pero déjale los zapatitos: los bebés suelen tener los pies fríos.

No hay remedios milagrosos

No se conocen remedios milagrosos para esas crisis de llanto por la noche. Poco a poco el bebé acaba por calmarse, y dependiendo de la edad esas crisis son cada vez menos frecuentes y desaparecen. No crean que son malos padres porque no logran calmar a su bebé. Cuando lo hayan intentado todo, lo mejor es esperar a que pase, sin dejar de ser cariñosos y comprensivos.

Si el bebé realmente necesitara algo que no entendiste (beber, mamar, destaparse, etc.), existe el riesgo de que empiece una verdadera rabieta. Cuando termine la crisis de llanto, si no se duerme inmediatamente, es importante que lo mimes, lo tranquilices y que le confirmes que lo amas siempre a pesar de su "cólera" y sus crisis.

Si, por el contrario, tienes frío, tu bebé tendrá más frío que tú. Su masa muscular es más escasa y se defiende menos contra el frío. Por eso no tardes en ponerle un chaleco o un cobertor. Cuando lo bañes, si es necesario, puedes colocar con mucho cuidado un radiador en el baño. Una temperatura de 19 °C en su habitación es suficiente. Un solo cobertor de lana, además de su pijama, y tu bebé estará cómodo.

El baño y los cuidados del cuerpo

Los padres con frecuencia están ansiosos por bañar a su pequeñito, por procurarle todos los cuidados del cuerpo, por cambiarlo y después vestirlo. Las breves explicaciones que dan en la maternidad no siempre son suficiente para tranquilizar a los padres. No obstante, en unos días las cosas se vuelven sencillas y resultan ser una verdadera diversión. Con el tiempo, el baño se vuelve una gran fuente de alegría para el bebé y un momento de deliciosa complicidad con su mamá o su papá.

No obstante, a algunos recién nacidos no les gusta estar desnudos o que los vistan: el frío sobre su piel les desagrada mucho. A otros bebés les da miedo que los sumerjan en el agua. Todo eso se arreglará con el transcurso de los meses. En tanto eso sucede, no sirve de nada darle demasiadas molestias al bebé. Excepto la cabeza, la cara y las nalgas, un bebé no está sucio, y a menudo es suficiente hacerle una limpieza local para no desvestirlo por completo.

El baño del bebé

Quizás las puericultoras de la maternidad te explicaron cómo debes proceder para bañar a tu bebé. La nariz, las orejas, los ojos, el ombligo, la cabeza, etc. Pero una vez en casa, el asunto puede parecerte muy complicado.

Una buena instalación

Para cambiar y lavar a tu bebé, seguramente instalaste en tu cuarto de baño una mesa para cambiarlo. Si no lo hiciste, funciona muy bien una simple tabla sobrepuesta en el lavabo, cubierta con un colchón de hule espuma, con un plástico y con una toalla. Lo esencial es tener a la mano todos los productos que necesitas. Aun así, varios puntos son esenciales:

• que haya buena temperatura en el baño (de 22 a 24 °C) y que el agua esté a la temperatura adecuada (el termómetro de agua debe marcar entre 36 y 37 °C, pero dependerá de lo que le guste a tu bebé);
• que tengas a la mano los productos de aseo, pañal y ropa limpia;
• que preveas el tiempo suficiente, para que estés relajada y que no te interrumpan.

Tampoco importa mucho que al bebé lo enjuagues en una palangana o en una bañera. Lo esencial es la comodidad que tu bebé pueda percibir y el placer que ambos compartan.

El baño diario se justifica por este placer y por necesidades de higiene, pero no te culpes si no tienes tiempo de bañar al bebé por completo. Una versión resumida diaria puede consistir en:

• lavar las nalgas con jabón para bebé;
• limpiar rostro, cuello, manos y pliegues con un algodón empapado en agua caliente.

Cuidado, existen peligros

Algunos productos o utensilios de baño, aunque se vendan en la línea de productos para bebé, en el mejor de los casos son inútiles y, en el peor, riesgosos para el recién nacido. Es el caso de los productos siguientes:

• Hisopos (o el algodón enrollado en un palillo). Nunca los utilices para limpiar las orejas o los orificios nasales del bebé. Basta con un pedacito de algodón enrollado y empapado en agua tibia. No lo introduzcas en los conductos: limpiar los contornos es suficiente.
• Las esponjas, ya sean sintéticas o naturales, son un verdadero nido de gérmenes. A su edad, puedes bañar al bebé con la mano, o con un pedazo grande de algodón. Más adelante, usa un guante de toalla: tienes la ventaja de poder cambiarlo a diario y echarlo a la lavadora.
• El champú. Es inútil durante los primeros dos o tres meses. Más bien lava la cabeza de tu bebé con el jabón que utilices para el resto del cuerpo. Más adelante ya escogerás un champú "especial para bebé".
• La crema de baño. Limpia correctamente, pero de manera superficial. Es bueno tener un frasco ya que

Productos indispensables para el aseo del bebé

• Agua
• Guante de toalla para baño
• Algodón
• Cepillo para el cabello
• Muda de ropa
• Jabón neutro
• Toalla
• Gasas
• Pañales limpios
• Si son necesarios: antimicótico, aceite de almendras, pomada, etcétera.

Precauciones

El día que intentes "sumergirlo" en la bañera, ten cuidado en la comodidad (la temperatura de la habitación y del agua).

El horario del baño

No tiene importancia el horario mientras te convenga a ti y al bebé. El lugar (la cocina, el cuarto de baño o la habitación) da lo mismo.

Algunos consejos

- Un jabón neutro (o una pastilla sin ningún emoliente) es muy conveniente para todo el cuerpo del bebé, incluyendo la cabeza. Para la cara es suficiente un poco de agua caliente en un trozo de algodón.
- Un paño o una toalla de manos en el fondo del lavabo o de la bañera evitan que el bebé se resbale en el fondo.
- Mientras no te sientas segura de ti misma, no ponga más de diez centímetros de agua en la bañera.
- A tu bebé le gustará mucho que hayas calentado su toalla y su ropita.
- Para secar los plieguecillos del cuello, en las nalgas y las axilas, y para prevenir irritaciones, puedes utilizar una secadora de cabello.
- Para proteger tu ropa, abotona tu bata al revés.

En general, no confíes en los productos de baño, los cuales son seductores pero superfluos, y pueden provocar reacciones alérgicas. Y por cuestiones de higiene:

- Empieza el aseo por arriba y termina por abajo.
- No tomes un baño con el bebé, a menos que ya te hayas lavado meticulosamente.

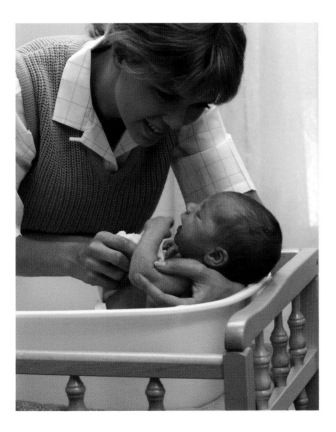

puede sacarte del apuro, sobre todo cuando estés fuera de casa. Pero para el uso cotidiano son preferibles agua tibia y jabón. Además, a algunos bebés con la piel particularmente frágil, estos productos pueden causarles irritación o alergia si se aplican repetidas veces.

- El agua de fragancia. Incluso las aguas de fragancia sin alcohol que dicen "especial para bebé" pueden, al igual que los perfumes, provocar reacciones alérgicas en algunos niños. Y además un bebé limpio huele muy bien al natural...
- El talco. Muy útil en otros tiempos, actualmente no es aconsejable. Con la orina favorece la maceración en los pliegues y puede ser causa de irritaciones cutáneas.

Asear al recién nacido según sus gustos

¿Tu recién nacido detesta que lo desvistan? ¿No te sientes muy segura como para darle un verdadero baño? ¿No tienes mucho tiempo?

Entonces lava a tu bebé sosteniéndolo sobre tus rodillas (recubiertas con una toalla grande), o bien acostado sobre la colchoneta para cambiarlo. Quítale sólo la ropa de la parte superior del cuerpo, y enjabónalo con la mano, con un pedazo de algodón o con un guante de toalla limpio. Después enjuágalo y vuelve a vestirlo antes de descubrir la parte inferior de su cuerpo.

¿A tu bebé le gusta que lo sumerjas en el agua? Empieza a enjabonarlo totalmente, incluyendo la cabeza, en la mesa para cambiarlo.

Después sumérgelo muy lentamente en el agua de la bañera, con una mano bajo la cabeza y la otra bajo las nalgas. Mantén siempre una mano bajo la nuca y usa la otra para enjuagarlo. Cuando tu bebé esté bien limpio y haya aprovechado durante un momento estas nuevas sensaciones, sácalo y envuélvelo en una toalla grande de baño.

No le gusta el agua

El bebé pasa los primeros nueve meses de su vida en el vientre de la madre, en un medio líquido. Por lo tanto, la sensación del agua le resulta conocida y normalmente la aprecia mucho. El primer baño, que a veces le dan en la sala de parto, lo prueba.

Algunos bebés, en los días o las semanas siguientes, aparentemente empiezan a detestar el agua. Rechazan el baño y chillan cuando los meten al agua.

¿Por qué? Es difícil decirlo. Al parecer, una experiencia desagradable es suficiente: puede que le haya entrado jabón en los ojos, o tal vez tuvo un sentimiento de inseguridad porque no estaba bien sostenido. Si un día, en la maternidad por ejemplo, le dieron un baño de manera demasiado brusca o con agua demasiado fría, eso puede bastar. El bebé aso-

La hora del baño

- Nunca dejes a tu bebé solo en la bañera; aunque tenga muy poca agua, podría ahogarse. Ten todo lo que vas a necesitar a la mano. ¿Tocan a la puerta? No respondas, o bien llévate al bebé contigo, enrollado en su toalla. Desconecta sistemáticamente el teléfono o bien conecta una contestadora mientras lo bañas, y así no estarás tentada a responder.
- Desde las primeras veces en que bañas a tu bebé, actúa con movimientos firmes y confiados. Tu bebé se sentirá seguro y aceptará que lo bañes. Si, en cambio, él te siente titubeante, se sentirá incómodo y se complicará la situación.
- Así pues, dale el baño alegremente, cantando. Eso te dará confianza y le encantará al bebé.
- Levanta al bebé de la bañera antes de vaciarla pues a algunos bebés esto los asusta (¿temerán hundirse junto con el agua del baño?).

cia el baño con ese recuerdo desagradable. A partir de entonces llora cada vez, y con frecuencia detesta sentir el aire sobre su piel desnuda.

Nunca obligues a un bebé al que no le gusta el agua

Debes tomarte tiempo, muy progresivamente, para reconciliarlo con el placer del agua. Durante ese tiempo interrumpe el baño si es necesario. En lugar de bañarlo, podrás lavar a tu bebé con un guante de toalla y con jabón, y enjuagarlo con una esponja remojada en agua bien caliente, y así no tendrás problemas con su higiene. Si además tienes cuidado de lavarle primero la parte superior del cuerpo y luego la de abajo, sin meterlo nunca enteramente desnudo, tienes muchas probabilidades de que todo salga bien.

El baño del niño más grande

A los tres o cuatro meses, el bebé ya se tiene confianza y ha aprendido a apreciar el baño. Frecuentemente sucede que ya es muy grande para su bañera de bebé y hay que bañarlo en una más amplia.

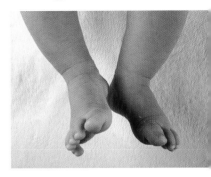

Durante un periodo intermedio, puedes meter la bañera chica dentro de la grande, con el fin de ir acostumbrándolo, y después remplazarla por una tina grande de ropa.

Al paso de los meses, el bebé, que ya corre por todas partes, con más razón necesita un baño diario. Sentado en el agua, le gusta mucho salpicar y jugar con sus objetos de baño. Bañarse es ahora un alivio para el niño y un tiempo privilegiado que comparte con el adulto.

Algunos "trucos" para hacer del baño una diversión compartida

- No lo bañes justo antes de comer. Si tu bebé grita, en ese caso quizá sea porque tiene hambre.
- Cuida la comodidad de tu bebé. El agua deberá estar lo suficientemente caliente (37 °C, verifícalo con un termómetro), la toalla y la ropa a la mano, etcétera.
- Haz de la hora del aseo un momento privilegiado de comunicación. Es el momento del juego, de las cosquillas, de los cariños, de la charla, un momento de total disponibilidad para el que antes ya te encargaste de desconectar el teléfono.
- Si tu bebé está inquieto, sumérgelo poco a poco en la tina, sólo para enjuagarlo. Al principio pon poca agua, y un poco más al día siguiente. Sostén con firmeza al bebé y sumérgelo suavemente en el agua mientras le sigues hablando con una voz dulce y tierna para tranquilizarlo.
- Encuentra uno o dos juguetes para la tina que le gusten al bebé y que le guste volver a ver cada vez que se baña. Si lo tomas con calma, cómodamente y con seguridad, muy pronto acabará gustándole el baño a tu hijo.

Los placeres del baño evolucionan con la edad

Muchos bebés adoran el baño. El agua les hace bien: los relaja y los equilibra. Si tu niño es de los que se precipitan al baño y después ya no quieren salir, no tendrás problemas para enriquecer su gusto por diferentes juegos nuevos. En cambio, como ya lo vimos, si tu bebé es de los que se bañan a regañadientes o berreando, acostumbrarlo será algo más difícil. ¡Paciencia!

Al crecer, se bañará en la tina. Primer consejo: cuidado con tu espalda. Existe el riesgo de que te duela si te pasas todo el tiempo del baño inclinada por encima del borde de la tina. Lo mejor será ponerte de rodillas después de haber puesto cerca de ti todo lo que vas a necesitar.

Relajarse y disfrutar

Aquí van algunas indicaciones que deberían relajarte un poco. El horario del baño no es muy importante, como tampoco el lugar en la casa (el baño, la cocina, la recámara, siempre y cuando esté a buena temperatura) ni el recipiente (tina, fregadero, lavabo, bañera, etcétera).

Los placeres del baño serán muchos para tu niño si recuerdas que el tiempo del baño no es sólo para lavarse, sino también para divertirte y relajarte.

Deja que corra el agua, lentamente, a una temperatura leve, para que el niño pueda jugar con el chorro. A menudo es algo muy divertido. Otra gran diversión es salpicar. Por supuesto, antes tendrás que ponerte una bata, y después tendrás que secar el baño. Pero eso no es nada en comparación con lo que goza el niño jugando con el agua.

Por otra parte, los niños que aprenden así a no temerle al agua también son los que la gozan más cuando nadan en una piscina o en el mar.

Otra gran diversión en el baño: los juguetes. En cuanto tu bebé pueda mantenerse sentado en la tina, llénala de juguetes. Llenar, vaciar, verter... nunca se aburrirá.

¿Con quién jugar?

Además de los juguetes para la tina previstos para tal efecto, piensa en:

- Tazas y vasos desechables de plástico.
- Una botellita de plástico con agujeritos (hechos con una aguja de coser caliente).
- Cucharón, colador, embudo.
- Pelotas de ping pong de colores vivos.
- Un bote de plástico de la mostaza o de cualquier salsa de tomate.
- Prohibido todo lo que sea de vidrio.

Para variar los gustos, un día puedes darle un baño a un muñeco al mismo tiempo que al bebé, otro día pon sales de baño en un botecito, etcétera. Para tener todo junto, ponlo en una cubeta de playa o en una malla de plástico.

El baño: los peligros

Ya hemos visto los placeres del baño: sólo serán completos y benéficos si tienes en cuenta los peligros, pequeños y grandes.

- Mientras no se sostenga bien sentado, siempre mantén un brazo bajo la nuca de tu bebé.
- Pon poca agua en la bañera.
- Sé precavida si agregas más agua caliente en la bañera cuando el niño esté dentro.
- Evita el baño de burbujas, que cubre el agua y puede hacer que le ardan los ojos.
- No le des ningún frasco de vidrio para jugar.
- Siempre coloca un tapete antiderrapante en el fondo de la bañera.
- No permitas que tu bebé se ponga de pie, se sumerja, salte, trepe o haga gimnasia cuando esté en la bañera.

Los cuidados

Haz del momento de sus cuidados un momento de intercambio, de complicidad, acentuando las cosquillas y cancioncitas.

La fontanela y las costras de leche

Se llama fontanela a la parte blanda que se encuentra en la parte superior de la cabeza del bebé. Se trata de una zona de forma romboidal que corresponde a un cartílago en crecimiento, allí donde los huesos del cráneo todavía no están soldados (esto tomará entre uno y dos años). La fontanela, elástica, está cubierta por el cuero cabelludo y no es particularmente frágil. Sin embargo, muchos padres creen lo contrario, a tal punto que dudan en enjabonarle correctamente la cabeza al bebé.

Ahora bien, sucede que la cabeza del bebé produce secreciones grasosas que generan unas costras comúnmente llamadas *costras de leche*. Para evitarlas o hacerlas desaparecer, no hay que dejar de lavarle bien la cabeza al bebé todos los días y, de ser necesario, con ayuda de un peine pequeño o cepillo de seda suave.

Esto hace desaparecer las costras de leche y no hay ningún riesgo ni es desagradable para el bebé.

El cambio y los pañales

Otro nuevo ámbito en el que pronto llegarás a ser muy hábil.

¿Cuándo cambiar al bebé?

En cada comida. ¿Antes, después o mientras está comiendo? Eso depende de ti y de tu bebé. Si lo cambias antes, no le pongas más que un pañal "provisional", ya que las posibilidades de que evacúe durante la comida son altas. Si esperas al final de la comida corres el riesgo de tener que estar moviendo a un bebé que se está quedando dormido. Entonces, ¿por qué no durante o cuando saque el aire?

También cambia a tu bebé, fuera de la hora de las comidas, cada vez que sea necesario, pero nunca lo despiertes para cambiarlo.

¿Qué pañales utilizar?

Los pañales desechables son muy prácticos, pero en este caso el presupuesto para pañales se vuelve muy importante. Haz un estudio: hay algunas marcas a mejor precio que otras. A ti te corresponde comparar calidad y precio.

El "eritema amoniacal"

Se trata del nombre técnico que se da a las rozaduras que frecuentemente aparecen en las nalgas del bebé. Las más de las veces se deben a la fragilidad de la piel del bebé en contacto constante con la humedad y la acidez de los pañales. La orina y las heces producen amoniaco, que queman la piel.

Algunos consejos prácticos

- Si tu bebé tiene las nalgas irritadas, déjalo descubierto, con las nalgas descubiertas el mayor tiempo posible.
- Ten un rollo de tela adhesiva a la mano ya que con ésta puedes remplazar los adhesivos que están gastados o que se despegaron por error.
- Rocía un poco de desodorante en el fondo del bote de basura en el que tiras los pañales.
- Nunca dejes solo a tu bebé. Y, lo que es mejor, siempre pon una mano sobre él. ¿Tienes que alejarte? Pon al bebé en el suelo sobre una colchoneta. (Suceden muchos accidentes a la hora de cambiarlos.)
- Da un masaje a las nalgas del bebé con aceite de almendras (o con otro aceite vegetal para masaje), lo cual es una buena manera de prevenir un eritema.
- Entretén al niño que ya es un poco mayor al momento de cambiarlo. Dale una botella de plástico vacía o un cepillo para el pelo, o bien cuelga un móvil por encima de su cabeza.

protectora a base de óxido de zinc. Esas cremas valen la pena porque aíslan las nalgas del bebé de la humedad. Pero interrumpe la aplicación en caso de rozaduras, ya que impedirá que la piel respire, y por lo tanto que sane adecuadamente.

De hecho, al parecer la mejor prevención es una higiene perfecta basada eventualmente en el agua y el jabón...

¿Cómo proceder para cambiar al bebé?

- Prepara todo lo que necesites y tenlo a la mano: pañal limpio, guante y toalla (o toallas húmedas desechables, cuando vayas a salir), jabón neutro, agua tibia.
- Acuesta al niño y cúbrelo con una toalla.
- Retira limpiamente el pañal sucio enrollándolo y asegurándolo con las cintas adhesivas.
- Lava las nalgas con un guante enjabonado, lava siempre desde adelante hacia atrás, sin olvidar los pliegues.
- Enjuágalo cuidadosamente. Sécalo con la toalla.
- Ponle el pañal limpio.
- Si tu bebé tiene las nalgas lastimadas, pídele al médico que te prescriba una pomada para aplicarla durante el tiempo recomendado.
- Cuando el bebé ya es bastante grande para mantenerse de pie en la bañera, resulta práctico lavarle las nalgas después de una evacuación, directamente bajo el chorro de agua.

Para que no lo olvides: algunos consejos que garantizan su efectividad

- Ten listos y a la mano todos los productos, pañal y ropa que vas a necesitar.
- Instálate cómodamente, al bebé colócalo boca arriba, y siéntate en la cama o mantente de pie para cambiarlo.
- Suspende un móvil o dibujos variados que mantengan ocupado al bebé mientras lo cambias.
- Aprovecha el momento para hablarle suavemente, cantarle una canción, llamar su atención en un dulce diálogo.
- Evita tener al bebé totalmente desnudo, desvístelo primero de arriba, después de abajo (o a la inversa).
- Si el bebé tiene que estar totalmente desnudo (antes del baño, por ejemplo), envuélvelo rápidamente en una toalla grande, que sea suave.
- Ten en cuenta algunos imperativos cuando compres el ajuar del bebé. Evita lo que tengas que meterle por la cabeza; escoge ropa amplia, suave y fácil de lavar; descarta las decoraciones alrededor del cuello y los broches de seguridad.

Esas rozaduras, por insignificantes que parezcan, no dejan de ser dolorosas y necesitan atención. He aquí algunos consejos:

- Cambia el pañal del bebé en cuanto sea necesario. Nunca lo dejes con un pañal mojado o sucio por mucho tiempo.
- Tan seguido como sea posible, especialmente en el verano y al aire libre, déjalo con las nalgas descubiertas. No hay mejor tratamiento.
- En cada cambio, lávale las nalgas al niño con un algodón empapado en agua caliente y con jabón neutro en caso de que haya evacuado. Enjuágalo con mucho cuidado y sécalo.
- Eventualmente, úntale una pomada o aplícale una solución, según lo que le haya prescrito el médico.
- Asegúrate de que no se trata de una reacción a algún tipo de detergente o de pañal ni del efecto de otra afección como el muguet (estomatitis micótica), por ejemplo.

Como medida preventiva, en cada cambio puedes poner en las nalgas del bebé una capa de crema

Una dificultad: vestir al bebé

Algunas madres se sienten muy torpes cuando se trata de vestir o desvestir a su bebé. No se atreven a tirar del brazo para meterle la manga y mucho menos pasar el cuello de alguna prenda por la cabeza del bebé.

Además muchos bebés detestan que los desvistan. La sensación de desnudez les es muy desagradable y empiezan a llorar en cuanto sienten el aire sobre su piel desnuda.

Primeramente, mantente tranquila: ni el bebé ni su cabeza son tan frágiles como parece. Si logras mantener la calma, muy pronto serás una experta en cómo manipular al bebé. Si el lado práctico (para ti) y la comodidad (para tu bebé) son más importantes que lo estético o la moda, esto es lo básico: camiseta delgada, mameluco, botitas de lana y chambrita (para el frío). Hay que tener varios cambios de ropa...

Si evitas los cuellos estrechos que pasan por la cabeza y el exceso de tirones, y si le pones una buena dosis de humor y de cariño a la situación, todo ocurrirá rápido y bien.

¿Qué escoger y cómo proceder?

Como ya vimos anteriormente, durante los primeros meses el niño no necesita gran variedad de ropa. Le hacen falta:

Pros y contras de los zapatos

La costumbre, hace no mucho, era que todos los niños llevaran botines que sujetaran bien los tobillos y que sostuvieran el arco del pie.

Es posible que tu madre, al ver a tu bebé ponerse de pie en su corral, te haya aconsejado comprarle unos botines.

En realidad, no hay que apresurarse. Si bien es cierto que los botines son realmente útiles para salir, también es cierto que no se justifican para estar en casa. Incluso cuando tu hijo empieza a caminar, podrás dejarlo descalzo sobre la alfombra sin temor alguno. Es también una manera de sentir bien el suelo con los pies, y una excelente manera de desarrollar el músculo en el arco del pie, que aún no está presente.

¡Cuidado! No lo dejes caminar con calcetines si el suelo de tu casa es liso. Una buena idea es coser plantillas antiderrapantes en sus calcetines (muy baratas). Cuando compres los botines, hazlo con el niño (aunque a él no le guste), con el fin de asegurarte de que envuelven bien el pie, y que sean cómodos. Una idea es que, en verano, hagas caminar a tu bebé con los pies descalzos sobre la arena: es excelente para los músculos.

- Muchos mamelucos (el bebé se ensucia mucho), sencillos y fáciles de poner, de felpa elástica. Son preferibles los que cierran por enfrente: no tendrás que girar al bebé para cambiarlo.
- Ropa interior. Al principio elige las camisetas de cuello amplio al *body* de una sola pieza, pues se lo tendrás que cambiar en cuanto esté un poco mojado (lo que te obliga a desvestirlo totalmente).
- Calcetines, botitas, pijama o bolsa de tela.

Concretamente:
- Prepara y ten todo a la mano. Instálate cómodamente.
- Para las piernas y las mangas, enróllalas como lo haces con una media. Mete tu mano en la manga y toma con cuidado la manita del niño.
- Estira el cuello de la camiseta antes de pasarla por la cabeza.
- Dale las menos vueltas posibles al niño.
- Háblale suavemente al bebé y atrae su atención en lo que estás haciendo, comentándole tus acciones.

Para el niño más grande

El problema esencial mientras vistes al bebé que ya tiene algunos meses será, como a la hora de cambiarlo, hacer que permanezca quieto. Puede ser de gran ayuda cantarle o mostrarle dibujos colocados sobre él. Progresivamente tu hijo participará en las etapas del vestido, haciéndolo más fácil.

Los consejos esenciales para esta edad consisten en la elección de la ropa:

- No confíes forzosamente en las tallas de los fabricantes, siempre compra tallas un poco más grandes, además tu bebé utilizará la ropa más tiempo.
- Compra algodón de preferencia y verifica las indicaciones de la etiqueta: evita todo lo que no se lave en máquina, a 30 °C.
- Cuando tu bebé empiece a erguirse, no olvides ponerles plantillas antiderrapantes a las plantas de los mamelucos.
- Evita las mallas que se ajustan con elásticos apretados y que frecuentemente hacen que le quede el vientre de fuera. Son mejores los trajecitos de dos piezas y los overoles.
- Evita los vestidos para las niñas mientras no caminen: les impiden desplazarse en el suelo.
- En vez de la ropa complicada, opta por la que es holgada y cómoda.

Las sesiones para vestirlo

Lo detienes mientras él trata de huir, pierdes los estribos porque te retrasa, en resumen, es muy difícil.

Si tu niño es particularmente activo, puede ser que no aguante quedarse quieto el tiempo necesario para cambiarlo. En ese caso las sesiones para vestirlo se vuelven verdaderas pruebas de fuerza.

Algunos consejos para ayudarte

- Para la parte de "arriba", vístelo mientras está sentado, jugando; para los pies, mientras está sentado en su silla alta.
- Para los pañales, especialmente, organiza juegos: juguetitos que pueda sujetar, canciones que hablan de las partes de su cuerpo, diálogo que acompaña sus ademanes ("¿Dónde quedó la manita? ¿Estará escondida en la manguita? ¡Cucu! ¡Ahí está!"). Puedes aprovechar para enseñarle los nombres de las diferentes partes del cuerpo...
- Para la parte de "abajo", siéntate y encajónalo entre tus piernas, de pie y de espaldas a ti.
- Enséñalo a participar, como si fuera "grande": extender la mano, meter el brazo, deslizar el pie, son acciones que él puede hacer para ayudarte.

El sueño del bebé

El sueño del bebé toma tiempo en regularizarse.
Las condiciones pueden ayudar, pero la paciencia es indispensable.

En el transcurso de la infancia, el sueño tiene una función biológica extremadamente importante: permite la organización de los circuitos nerviosos, desempeña un papel en el aprendizaje y en la memoria, y resulta indispensable para el desarrollo físico. Sobra decir que las largas horas que un recién nacido pasa durmiendo son invaluables y siempre deben respetarse. El tiempo de sueño diario depende de cada bebé.

El sueño es una de las claves del buen desarrollo de un niño. Cuando el bebé duerme retoma energía, libera la hormo-na de crecimiento, fija sus aprendizajes y madura su sistema nervioso. El problema es que todos los bebés son diferentes. Si bien todos, cerca de los cuatro meses, pueden dormir toda la noche, otros ya son desde antes grandes dormilones, mientras que algunos no duermen más que por periodos. Cerca de los ocho meses aparecen los que se acuestan tarde y los que se levantan temprano... Pero, así como no debe obligarse a un bebé a co-mer, tampoco hay que obligarlo a dormir. Lo único es ponerlo en una situación que favorezca un buen sueño.

Para un buen sueño

Sólo observando a tu bebé puedes deducir cuál es su propio ritmo de sueño y ayudarlo a equilibrarse. A lo largo de los meses, los tiempos de sueño se regularizan.

Un recién nacido pasa alrededor del 60% de su tiempo dormido. Cerca del año, además de dormir bien de noche, con frecuencia dormirá todavía dos siestas al día, una en la mañana y otra en la tarde.

Así como un ritmo de vida regular ayuda al niño a desarrollar buenos hábitos de sueño, así también los padres tendrán que dar prueba de flexibilidad. Es inútil meter a un niño a la cama si está totalmente despierto y no presenta ningún signo de cansancio. Igualmente, el niño dormirá bien si tuvo durante el día los momentos que requiere de afecto y de presencia de los padres.

Diferentes necesidades de sueño

En el curso del primer año el número de horas que un bebé pasa durmiendo disminuirá rápidamente mes con mes. Todas las cifras que puedan darse no son indicativas, ya que existen enormes variantes individuales. Algunos bebés, grandes dormilones, a los once o doce meses harán además una siesta por la mañana. Otros dormirán menos y eso los hará sentirse muy bien. A los que duermen poco y que gritan para que los levanten de la cama nada hay que los apacigüe...

El sueño del recién nacido

Desde los primeros meses se nota el contraste entre los grandes dormilones y los que duermen poco. No es preocupante que tu bebé duerma poco si tiene buena salud y se desarrolla con normalidad. Tampoco es preocupante que duerma por horas y que a veces hasta deje pasar la hora de la comida.

Es inútil despertarlo: el hambre se encargará de hacerlo. Lo que sí varía es el temperamento: el niño que tienes hoy, quizás sea distinto mañana.

¿Cómo ayudarlo a pasar bien la noche?

Ayudándolo a diferenciar el día de la noche. Para las siestas de día, es inútil oscurecer totalmente el cuarto o imponer silencio total en la casa: el bebé se conforma de manera natural con ese ambiente.

Por el contrario, en el cuarto conviene la penumbra durante la noche. Si vas a verlo, no enciendas todas las luces y habla en voz muy baja.

Suprimir a fuerza el biberón de la noche y dejándolo llorar no ayuda al bebé a que pase bien la noche. Mientras tenga hambre por las noches habrá que alimentarlo y tener paciencia.

El tiempo de sueño

Ésta es una lista para recapitular el número de horas que habitualmente un bebé duerme al día. Las cifras incluyen el sueño durante la noche y las siestas que toma durante el día.

- Recién nacido: 18 a 20 horas
- De 1 a 3 meses: 18 a 19 horas
- De 4 a 5 meses: 16 a 17 horas
- De 6 a 8 meses: 15 a 16 horas
- De 9 a 12 meses: 14 a 15 horas

La cama

Ya sea que hayas optado por una cama con barrotes o por otro sistema, esto es lo que necesitas:

- Un colchón firme, recubierto con una sábana plegada y una funda de cajón.
- Una funda para la parte superior de la cama o una funda de almohada grande.
- Un colchón de plástico (lavable) con o sin funda, que asegurarás al pie de la cama con pinzas y bandas elásticas especiales.
- Evita la almohada, los cobertores de lana, los flequillos.

¿Y si llora cuando lo metes a la cama?

Los bebés se duermen fácilmente cuando los tratan con cuidado y los acarician. Un pequeño de menos de cuatro meses que tiene problemas para dormirse o que se despierta llorando repetidas veces puede ser un bebé al que le duele algo. Las incomodidades pueden ser varias: un reflujo gástrico, cólicos, dificultades respiratorias, una otitis, un eritema que le da comezón en cuanto hace pipí, etc. Incluso de noche, no necesariamente es hambre. Todo esto hay que verificarlo con el pediatra.

Las etapas de la vigilancia

El comportamiento del bebé puede resumirse en cinco etapas muy diferentes a las de un adulto y que resulta conveniente conocer.

La etapa 1 corresponde al sueño tranquilo. El recién nacido está inmóvil, su cara es inexpresiva y su respiración es regular. Mantiene cerrados los ojos.

La etapa 2 es la del sueño agitado. El niño se estira, se mueve, gruñe o bosteza. Mueve los ojos, hace gestos y su respiración puede ser rápida. Esta etapa cubre la mitad del tiempo de sueño total. Ten cuidado de no tomarlo en tus brazos creyendo que está despierto, porque sin duda lo perturbarías.

Precauciones

- Si tu bebé tiene regurgitaciones severas o frecuentes, al punto de que te asusta colocarlo boca arriba, comunícaselo a tu médico. Él determinará si amerita hacerlo adoptar una posición de sueño específica.
- Para que el recién nacido no se ruede mientras está acostado de lado, puedes detenerlo con una almohada o un cobertor enrollado. También hay colchones cilíndricos con relleno que sirven para tal efecto. Asegúrate de colocarlo tanto del lado derecho como del izquierdo, alternativamente.
- Ten cuidado con el pabellón de las orejas, todavía muy frágil, que no se pliegue hacia el frente cuando acuestes a tu bebé de lado. Ponle un gorrito si lo necesita.

¿Dónde poner a dormir al bebé?

Para el recién nacido todo lugar cómodo y caliente es suficiente cuando está cansado. Puedes entonces desplazar el moisés al cuarto en el que te encuentras. Pero un niño más grande (pasados los tres o cuatro meses) necesita un espacio preferentemente fuera del cuarto de sus padres, donde reconozca, cada vez que se mete a la cama, sus pequeños ritos.

Las condiciones del sueño

- No importa el tipo de cama (moisés, cuna, cama con barrotes u otras), lo ideal es ponerle un colchón firme de felpa, adaptado a sus dimensiones. Recúbrelo con una sábana.
- A la altura de la cabeza del bebé pon un pañal doblado en rectángulo, éste protegerá las sabanitas de la saliva y absorbe bien la transpiración. En un moisés, dobla el pañal en dos y ribetéalo. En una cama un poco más grande, amárralo con broches de seguridad. Evita la almohada, es inútil y peligrosa; los rellenos de pluma propician alergias. Evita las mantas y los cobertores ya que el bebé puede enrollarse o, al contrario, destaparse.
- ¿Qué falta? El trajecito o el "pijama de una pieza", también llamado "mameluco" o "saco de dormir" que mantiene al bebé calientito.
- Asegúrate también de que el perímetro de la cama esté bien sujeto. La temperatura ideal del cuarto es entre los 18 y los 20 °C.

En la etapa 3 el bebé está despierto y tranquilo. Con los ojos bien abiertos, está atento a su alrededor y se comunica. Es el momento más agradable para compartir.

En la etapa 4 el bebé está agitado. Se desespera y ya no está muy atento.

La etapa 5 ocurre si no encuentras la causa del malestar: el bebé llora.

Lo que nunca se aconseja

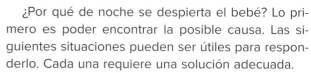

- Administrarle tranquilizantes para aturdirlo y que finalmente se calme.
- Gritar más fuerte que él para hacer que se calle.
- Acudir al mínimo llamado como si efectivamente la cama fuera para él un lugar desagradable o peligroso.
- Ponerlo sistemáticamente en tu cama o en tus brazos cada vez que llama.

Algunos consejos

- No te precipites al primer llamado. Si las cosas están en calma en la casa, quizá se vuelva a dormir.
- Arréglatelas para que no esté muy oscuro su cuarto por la mañana, para que el bebé pueda ver lo que le rodea.
- Hazlo esperar cinco o diez minutos al principio, antes de ir a verlo, después aumenta el tiempo de espera progresivamente.

La confianza es importante

Para que el niño se vuelva autónomo tiene que confiar en sí mismo y en su capacidad de arreglar él solo sus problemas de sueño.

La posición del sueño

El día en que tu bebé aprenda a darse la vuelta, elegirá la posición más cómoda para él. Mientras tanto, dormirá en la posición en la que lo acuestes.

Durante años hubo una fuerte polémica entre los partidarios de la posición boca arriba y los de la posición boca abajo. Actualmente los médicos están de acuerdo con que el recién nacido debe acostarse de lado (durante las primeras semanas) y después boca arriba. En efecto, estudios médicos coincidentes han evidenciado que existe menos riesgo de muerte súbita de recién nacidos en esta posición.

Un recién nacido estará muy bien de lado si tienes la precaución de:
- ponerle la espalda contra una toalla enrollada;
- cambiarlo de lado regularmente.

Se despierta en la noche

Muchos bebés se siguen despertando de noche, las más de las veces al terminar un ciclo de sueño, cuando éste es más ligero. Todavía no han aprendido a entrar por sí solos en el ciclo siguiente.

Algunos bebés se despiertan una vez, otros dos o tres veces. Por lo general, el bebé se pone a llorar por un momento, después se calma en los brazos de su madre o su padre y vuelve a dormirse. Hasta que vuelve a despertarse.

¿Por qué de noche se despierta el bebé? Lo primero es poder encontrar la posible causa. Las siguientes situaciones pueden ser útiles para responderlo. Cada una requiere una solución adecuada.
- El bebé tiene hambre, no comió lo suficiente o lo hizo muy temprano.
- Se alimentó con rapidez y no mamó o chupó lo suficiente.
- Tiene sed: hace mucho calor o está muy seco el ambiente, el bebé está demasiado cubierto.
- Algo lo está incomodando (nariz tapada, dolores digestivos, otitis latente, regurgitaciones).
- Hay un ambiente agitado y de ansiedad en la casa.
- La irritación al final del día fue demasiada.
- No te tomaste el tiempo para mecerlo, tranquilizarlo y ayudarlo a entrar en un sueño apacible.

¿Qué se puede hacer?

Si determinaste la causa de que se despierte, podrás remediarlo eficazmente. Si no, éstos son algunos consejos que dan buenos resultados:
- Dale bien de comer en la noche, abundante y digestivo.
- Coloca un humidificador en el cuarto del niño.
- Báñalo en la noche.
- Antes de acostarlo dale un biberón con agua, con un poco de infusión de tila o de flor de naranja.
- Asegúrate de que el ambiente alrededor del niño sea tranquilo, sobre todo al final del día.

Cuando el bebé crece

Muy pronto el bebé ya es muy grande para continuar durmiendo en un moisés o una cunita. Tienes que conseguirle una cama. Si es tu primer hijo, quizá no hayas elegido aún la cama en la que lo pondrás.

La cama tradicional de los niños de hasta tres o cuatro años es la cama con barrotes. La profundidad de la cama con frecuencia es ajustable y de un lado los barrotes se pueden bajar al nivel que desees. Los barrotes permiten al niño ver lo que ocurre en la habitación y al mismo tiempo le impiden salirse de la cama.

El sueño del bebé mayor

De cuatro meses a un año las condiciones del sueño cambian un poco. El niño duerme bien por la noche, pero al mismo tiempo se vuelve más sensible al ambiente, a las costumbres y a las contrariedades.

En su sueño recaen fácilmente los efectos de su vida despierto. Aunque esté cansado, poco a poco se vuelve capaz de luchar contra el sueño. Se enoja, y dormirlo se vuelve difícil.

Hacia los nueve o diez meses, acostarse quiere decir separarse de papá y de mamá, es decir perder amor, ternura, diversión, lo que no desea en absoluto, sobre todo si ha estado separado de ti todo el día.

Otra fuente de dificultades está en el hecho de que un bebé se apega a sus costumbres. Si tiene dificultades para dormirse en un entorno ajeno se debe a un poco de inseguridad, que con dulzura y tranquilidad pasará fácilmente.

Los ritmos del sueño

Una caricia y te aseguras de que todo está bien, de nuevo fuera de la habitación... pero todo empieza de nuevo, a veces durante horas.

Se acuesta tarde

A algunos pequeños, entre los ocho meses y el año, les cuesta mucho dormirse en la noche. Una vez en la cama, lloran y llaman hasta que papá o mamá regresa. Aquí están algunas preguntas que puedes hacerte para comprender mejor la situación:

- ¿Mi bebé está incómodo? Por ejemplo: tiene mucho calor, le duele algo, el aire es muy seco, etc. Explora y ve qué puedes hacer.
- ¿Le forjé buenos hábitos (llevarlo a su cama en un horario regular, respetando los pequeños ritos de sueño)?
- ¿Le tengo confianza para que se las arregle solo durante la noche?
- ¿Siento que mi bebé me "manipula"? En ese caso, ¿tengo ganas de ser firme o a mí también me gusta decirle siempre que sí a todo?

Se levanta temprano

Unos bebés duermen menos que otros. Pero aun entre los que duermen un número de horas muy normal, muchos se levantan temprano. Desde que amanece, juegan al despertador, exigen un biberón... y después se vuelven a dormir.

Otros niños, aunque con frecuencia son los mismos, duermen bien, pero se obstinan en despertarse desde muy temprano. No necesariamente el hambre los despierta, sino su ritmo interior. Entre semana, pongamos que es algo normal, pero que los fines de semana te despierte a las seis de la mañana puede resultar un poco rudo.

Algunos bebés que necesitan un número fijo de horas de sueño pueden salir ganando si se acuestan más tarde. Pero esto casi nunca funciona. Para su equilibrio un bebé necesita conservar el mismo ritmo toda la semana. La única solución consiste en enseñarle a que se quede solo en su cama en espera de que tú te levantes.

La hora de irse a acostar

Un niño pequeño se duerme mejor si lo metes a la cama en el momento adecuado. Empieza a dar pequeñas señales: su actividad disminuye, se frota los ojos, bosteza. Para otros, es cierta excitación lo que indica el cansancio: quizás el niño necesite llorar un poco para liberar las tensiones antes de sumergirse en el sueño. Cada niño se manifiesta distinto, ¡pero no hay que dejar pasar el momento del sueño!

Trucos para hacer que espere en su cama

Si no te decides a acostarte más temprano para hacer coincidir tu ritmo con el del bebé y estás harta de que te despierte a las seis de la mañana... aquí hay algunas ideas que podrían ayudarte.

- Para conservar un poco de luz en el cuarto del bebé, piensa en una lamparilla de noche para el invierno, puesto que en verano bastará con unas cortinas.
- Pon en tu cama algo con lo que se entretenga, como son sonajas, juguetes de estimulación con colores y formas, juguetes suspendidos al alcance de la mano o del pie, un espejo lo suficientemente grande en el que pueda mirarse, su peluche favorito.
- Si se despierta con mucha hambre, pon algo que pueda mordisquear, como galletas, etc., al lado de la cama, a la mano.
- No te precipites al primer llamado del bebé. Dale tiempo para que aprenda a jugar solo y a diferir un poco su deseo.
- Algunos bebés, cuando los meten en la cama entre sus padres, se duermen muy rápido...

Un momento de dulzura

Puedes aprovechar ese momento de calma en la noche para:

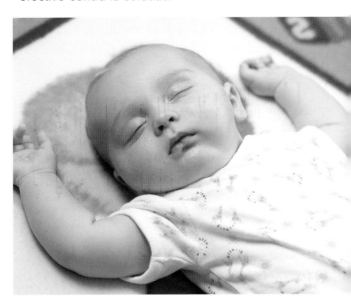

- acostar los peluches que, al pie de la cama, también se van a dormir;
- cantar una canción de cuna o cualquier canción dulce;
- murmurar en el oído de tu bebé unas palabras mágicas, las mismas cada noche, por ejemplo: "Puedes dormir ahora, todo está bien, papá y mamá están aquí...";
- colocar cerca de la cama su objeto preferido y salir decididamente enseguida, después de darle un último beso.

Algunos consejos

- Si acostumbras al bebé a dormirse en tus brazos, tendrá problemas para dormir solo en su cama, o para dormirse solo a la medianoche.
- Evita acostumbrarlo a cosas particulares a la hora de dormir que no podrás encontrar por la noche (un móvil, el chupón, etcétera).
- Haz del momento de acostarte un momento tranquilo y placentero.
- Desarrolla regularidad y apégate a ella.
- El baño en la noche calma a algunos niños, como también un té de tila o de flor de naranja en el biberón.

Es más fácil detectar ese momento y dormir al niño si tiene un ritmo de vida regular. Si lo acuestan todos los días a las ocho, por ejemplo, su organismo lo sabe y se prepara para dormir cuando llega la hora. La regularidad y los pequeños hábitos son de gran ayuda.

Hacia los ocho o diez meses, el bebé que hasta entonces se dormía tranquilamente, satisfecho con su último biberón, protesta con energía cuando lo meten a la cama y se queda solo en su cuarto. Es bueno saber que ese llanto no es por capricho, sino que frecuentemente es testimonio de una angustia real y una reivindicación legítima.

¿Cuáles son las causas? El niño tiene clara conciencia de su existencia y tiene relaciones ya complejas con sus semejantes. Toda separación le resulta difícil y meterlo en la cama no es la excepción. Si pasa todo el día fuera de casa, sin encontrar a su padre ni a su madre sino hacia las seis o las siete de la noche, para él es muy difícil separarse de ellos nuevamente una hora más tarde. Si su padre llega más tarde de la hora de dormir, hará todo para esperarlo. También sabe que la vida de familia continúa, y no soporta que lo mantengan al margen.

¿Qué hacer?

Toda la dificultad consiste en conciliar la comprensión, enfocándose en darle al niño los intercambios de afecto que necesita y cierta firmeza. El bebé también debe aprender a dormirse. Levantarlo o hacerle compañía cada vez que protesta implica el riesgo de que se multipliquen las llamadas nocturnas. Éstas son algunas ideas sobre cómo proceder.

- Es importante estar pendiente del momento en que ya es hora de "irse a la camita". A esa hora, prácticamente la misma cada noche, es cuando el niño se dormirá mejor. Depende en parte de la hora a la que termine de hacer su siesta.
- Una hora "razonable" para acostarse es aquélla en la que se tiene en cuenta el tiempo que cada niño pequeño pasa cada noche con su padre y su madre. Es tiempo de encuentro, de juegos, de que lo mimen, y no solamente de la comida o del baño. No es muy grave no acostar al niño sino hasta las nueve, siempre y cuando pueda dormir como quiera durante el día.
- En algunos niños, cuando se cansan, el nivel de actividad y de irritabilidad aumenta en vez de disminuir. Es bueno saberlo con el fin de interpretar correctamente este estado de excitación. Para esos niños el final del día tiene que ser particularmente tranquilo y apacible. El baño en la noche a veces da buenos resultados.
- Para ayudar al bebé a enfrentar la angustia producto de la separación, característica de esta edad, es bueno establecer un ritual para acostarlo. Un cuarto de hora de movimientos habituales, cada noche, calman y dan seguridad al bebé.
- Finalmente no olvidemos su peluche preferido, tan efectivo contra la soledad.

Algunos consejos para ayudar a tu bebé a dormirse

- Revisa tus sentimientos de culpa (¿tienes suficiente tiempo durante el día?) y convéncete de que es mejor que tu bebé duerma solo, tranquilo, toda la noche, y no con tu presencia intermitente.
- No lo acostumbres a dormirse en condiciones en las que necesite de tu presencia.
- No te dejes manipular. Tú sabes: es tu decisión ser firme y cariñosa.
- Aprovecha el día para hablar con tu niño y confirmarle tu amor.
- Búscale un "objeto transicional", peluche o mantita, que lo tranquilice al sustituir poco a poco a su madre.
- Es bueno que el padre se levante en la noche y le explique al bebé que su mamá está durmiendo, porque está cansada, que no se va a levantar y que quiere que se duerma para que la deje descansar.
- Así como el niño encontrará "beneficioso" despertarse en la noche (te mira, lo mimas, juegas con él, etc.), no tienes ninguna razón para dejar de hacerlo.
- No acostumbres al niño a que acabe en la cama de ustedes en la noche, como tampoco debes acabar durmiendo en su cuarto.
- Es inútil dejar llorar al niño quince o veinte minutos antes de levantarse y darle algo que lo distraiga, pues solamente le enseñas que para obtener lo deseado hay que llorar.
- Tampoco te precipites cada vez que lo oigas. Deja pasar un tiempo de prueba para que se vuelva a dormir solo. Si no lo logras, confórmate con calmarlo verbalmente.
- No le puedes enseñar a tu bebé a dormir solo en su cama hasta convencerte de que es necesario y bueno para él. Si piensas lo contrario, que la soledad es espantosa y que la noche debe ser de convivencia, entonces ¡ni lo intentes! Piensa que todo eso es cultural, que antes las familias dormían todas juntas, y acepta la situación.

El ritual del sueño

El establecimiento de ritos, repetidos cada noche en el momento de meterlo a la cama, ayuda mucho a los niños a romper con las actividades del día y a prepararse para dormir.

El bebé descubre muy rápido la secuencia que hay en el baño, la cena, etc., y eso lo conduce de manera natural hacia la cama. Pero con el tiempo las costumbres toman importancia y el ritual se vuelve casi idéntico. Ten cuidado entonces de establecer sólo costumbres que puedas mantener por varios años.

Los problemas de sueño

Así como los problemas de sueño de los más pequeños con frecuencia son pasajeros y se arreglan sin dificultad cuando se conoce la causa, los problemas de los niños más grandes exigen una atención particular.

En efecto, es común que algunos niños de seis meses sigan sin haber adoptado la costumbre de dormir solos toda la noche. Los padres, extenuados, frecuentemente deciden consultar a un especialista, pero muy pocas veces el problema es de orden médico. Sin embargo, el pediatra siempre empezará por cerciorarse antes de sugerir cuestiones psicológicas.

Volver a dormirse solo

Los niños que, a los seis meses, despiertan a sus padres una o varias veces en la noche, son en su mayoría como los demás, pero son niños a los que no se ha enseñado a volver a dormirse solos. Es normal que el bebé se despierte al final de cada ciclo de sueño, pero debe ser capaz de dormirse rápidamente y sin ayuda. Algunos no lo hacen. ¿Por qué?

• Puede tratarse de un bebé al que se acostumbró a dormirse en ciertas condiciones (en los brazos de su madre, o viendo un móvil, etc.) y que, cuando se despierta en la noche, necesita de las mismas para volver a dormirse.

• Con mayor frecuencia se trata de niños sobreprotegidos. El padre o la madre acuden de inmediato al menor llamado del niño aunque aún esté medio dormido. En vez de confiar en él y dejarlo que in-

tente enfrentar sus dificultades, los padres intervienen y lo convencen de que no puede arreglárselas solo. El niño se vuelve inseguro y exigente. Los padres, exhaustos, acaban por llevárselo a su cama. Y para él, a quien eso le resulta muy agradable, la excepción se convierte en regla.

Así se crea un círculo vicioso del que no es nada fácil salir.

¿Y si nada funciona?

Si ni engatusándolo consigues calmar a tu bebé, tienes que consultar a un pediatra. Quizás haya un problema que se te está escapando y que él puede resolver. Un bebé que llora mucho en la noche es fuente de tensión y de fatiga para los padres, que con frecuencia necesitan ayuda para esta situación. Si no, la irritación de cada uno sólo agrava las cosas.

El objeto transicional o fetiche

Ya sea una mantita, un chupón, un osito de felpa o cualquier otro juguete, el objeto transicional es un término que los psicólogos emplean para designar el objeto que se convertirá en el fetiche del niño. Objeto elegido y amado a tal punto que ya no querrá separarse de él.

Hacia los ocho o nueve meses quizás compruebes que tu bebé se duerme más fácilmente si tiene a su lado un objeto de su predilección. Puede ser un peluche, un pañuelo, un pañal de tela, un biberón, o cualquier otra cosa. Para otros es un ademán: chuparse el pulgar, acariciarse la oreja o el cabello, balancearse con ritmo, etcétera.

Cuando el bebé está cansado o cuando tiene un problema, este objeto privilegiado hace su parte para reconfortarlo y relajarlo. Por esa razón te conviene no olvidarlo cuando salen y, si es posible, procurar tener varios ejemplares.

No hay ninguna regla respecto a dichos objetos: el niño elige y decide cuándo lo requiere, y también decidirá prescindir de él cuando ya se sienta seguro de sí. Algunos niños poseen un objeto privilegiado al que le tienen poco o mucho afecto, otros no poseen ninguno, y todos ellos están bien.

Un objeto transicional para consolarse

Hacia los siete u ocho meses el bebé empieza a darse cuenta de que es una persona distinta a su mamá. Así que ella puede no siempre estar disponible, separarse de él, incluso desparecer durante varias horas. Pero incluso cuando mamá está allí, son muchos los momentos en los que el niño está en la cama, solo en su habitación.

Es cuando el bebé va a desarrollar un apego muy intenso por un objeto, cuyo papel será el de consolarlo, ayudarlo a dormirse o a soportar la soledad. El niño escoge ese objeto y le tiene tanto apego que no querrá separarse de él. Lo ayudará a luchar contra la angustia de separación. Al cabo de unos meses (o de algunos años), el objeto acabará sucio, roto, feo, pero siempre adorado.

Algunos niños sustituyen la posesión de un objeto por un movimiento ritual: quitarle bolitas a una manta, frotarse la nariz o enrollarse el cabello con los dedos. Otros aparentemente no tienen ningún objeto transicional, sin que se sepa por qué. Todos estos comportamientos son absolutamente normales. Hay que respetarlos, pues ayudan al niño a crecer y a encontrar su autonomía.

No hay objetos transicionales buenos, pero hay unos más prácticos que otros: los que se pueden tener en dos ejemplares (muy útil en caso de que uno se pierda), los que se pueden meter a la lavadora (al niño esto no le gusta porque el objeto transicional pierde su olor, pero a veces es indispensable), los que, al no ser muy voluminosos, caben en el bolso de mamá, etcétera.

Un objeto muy personal

- Algunos niños no son fieles a su objeto transicional, otros, por el contrario, se encariñan mucho con él. Eso ocurre naturalmente. Esa relación única que el niño desarrolla con su objeto transicional debe respetarse, cualquiera que sea su forma.

- Ten el objeto transicional a la vista cuando salgan. Perder su objeto transicional es para algunos niños un verdadero drama que incluso recordarán en edad adulta.

¿Hay objetos transicionales buenos o malos?

Para el niño, no. Su elección siempre es correcta. Para la madre, el objeto adecuado es aquél del que hay varios ejemplares, que no es muy voluminoso y que puede meterse a la lavadora.

¿Cuándo aparece el objeto transicional?

La elección la hace entre los seis y los doce meses, y esta historia de amor durará entre tres y seis años.

¿De qué objeto se trata?

Se trata del objeto más suave que el bebé haya tenido frecuentemente a su alcance. A menudo es un objeto asociado a la cama: un pañal de tela, una sábana, un cobertor, un pañuelo, un animal de peluche. Pero sucede que hay niños que se apegan a un objeto mucho más sorprendente: una camiseta de lana, una bolsa de dormir, un biberón, un guante de franela, etc. También es posible que un movimiento muy preciso esté asociado al objeto: una manta a la que le quita las bolitas de pelusa, una sábana que desliza entre sus dedos, un pañuelo que frota contra su nariz, etc. El objeto es lo de menos: el niño lo elegirá y lo impondrá.

¿Por qué el niño se apega a un objeto y no a otro?

Reglas muy misteriosas presiden la elección del niño. De entre todos los objetos que llenan su cama, se apega a uno en particular, a menudo sin que los padres lo sepan. Ellos comprenderán después, cuando el niño insista en llevar el objeto a todas partes.

Los sentidos del olfato y del tacto intervienen seguramente de manera preponderante en la elección de tal o cual objeto, incluso si la elección sigue siendo eminentemente subjetiva.

Los niños sin objeto transicional

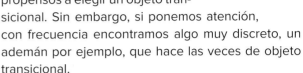

¿Todos los niños tienen un objeto transicional? Aparentemente no. Los niños que se chupan ávidamente el pulgar o un chupón parece que son menos propensos a elegir un objeto transicional. Sin embargo, si ponemos atención, con frecuencia encontramos algo muy discreto, un ademán por ejemplo, que hace las veces de objeto transicional.

Se ignora por qué algunos niños, los menos, no tienen ningún objeto transicional. Pero seguro es que nadie ha establecido diferencias claras en el plano del desarrollo general o psicológico entre estos niños y los que durante años van a todas partes llevando un oso viejo y despanzurrado.

¿Qué papel desempeña para el niño el objeto transicional?

Es múltiple, y siempre muy importante. Para el bebé que empieza a tomar conciencia del alejamiento de su madre, el objeto transicional la remplaza. Es una madre que lo tranquiliza, y también una madre que le permite expresar sentimientos contradictorios, sin temor a represalias. Una madre que él, así de pequeño, puede dominar.

El modo de empleo del objeto transicional

• El objeto transicional reconforta, consuela y anima. Es indispensable en momentos de decaimiento, de fatiga, pero también de un evento difícil, como la visita al médico, por ejemplo. Nunca hay que olvidarlo cuando recojas al bebé en la guardería o de regreso de la casa de su abuela.

• Puedes incitar a tu bebé a elegir un objeto transicional práctico, como un pañal de tela o una funda de almohada, poniéndolo debajo de su cabeza, en su camita.

• Acostumbra a tu bebé a que el objeto transicional se lava con regularidad.

• Perder el objeto transicional es siempre un drama. Puedes evitarlo cosiendo sobre la tela o pegando en el cuello del peluche un pedazo de tela resistente con tu número de teléfono escrito con tinta indeleble.

• Si tu bebé está apegado a una sábana o a un cobertor que lleva para todos lados, córtala en cuatro para que el pedazo sea de una talla decente para su uso, más fácil de transportar y remplazable en caso de que se pierda.

¿Se puede suprimir el objeto transicional?

Definitivamente no es aconsejable si el apego es muy grande. Los padres no tienen por qué intervenir en esa relación que el niño ha creado porque la necesitaba. Esta etapa tiene un lugar importante en el desarrollo. No debes lavar el objeto transicional más que con el consentimiento del niño, y de preferencia remplazándolo momentáneamente con otro que sea idéntico. Aun si el bebé maltrata su objeto transicional, lo desgarra o lo arrastra, no hay que intervenir.

Algunos niños son poco fieles, otros guardan su objeto transicional por años. Los padres sólo pueden esperar a que su hijo se desprenda solo del suyo. Mientras tanto, si cuidan bien el objeto transicional, éste no tiene por qué olvidarse ni perderse. Esto sería un verdadero drama y el niño tendría muchos problemas para dormirse sin él.

• Al salir de la pequeña infancia, el objeto transicional es el que permite volver a encontrar la seguridad que uno experimentaba al acurrucarse en brazos cariñosos. Por supuesto, uno crece y se vuelve más autónomo, pero no sin miedo ni nostalgia...

• Más cercano a uno que a cualquier otro, el objeto transicional reconforta y consuela. En caso de cansancio o tristeza ayuda a recuperarse. Llevado a todas partes, da un sentimiento de seguridad ante situaciones nuevas o inquietantes (una visita al médico, por ejemplo).

• Por último, apretado contra uno de noche en la cama, el objeto transicional ayuda a luchar contra las angustias nocturnas. Cuando está uno solo en su cuarto o cuando se despierta a la hora en la que los monstruos rondan alrededor del colchón, es bueno esconder la cara en un olor amigable.

La reorganización familiar

Los papeles de cada uno en torno al bebé. Buscar una niñera
o una manera de cuidarlo. Organizar la vida juntos.

El bebé, que ahora es un nuevo habitante en casa, va a trastornar todas las costumbres. Las tuyas, por supuesto, ya que estás en primera fila. Fuiste tú quien llevó nueve meses a ese niño y lo trajo al mundo. Debido a la licencia de maternidad, también te corresponde ocuparte del bebé durante los primeros semanas. Es una gran alegría, pero también una gran obligación. Tienes la impresión de que todo tu tiempo, todas tus preocupaciones y todos tus movimientos están en función del bebé. Por momentos sientes tener demasiadas cosas encima o te encuentras agotada. Todo eso es normal. En uno o dos meses habrás aprendido a organizarte, y tu bebé ya habrá adquirido un ritmo regular.

Veamos qué pasa con los demás habitantes del hogar.

Los diferentes papeles

Padre, madre, hermanos y hermanas, abuelos...
Cada quien desempeña un papel, tiene su lugar.

Durante el primer año, en el que los cuidados maternos son predominantes, el papel de la madre respecto a su bebé es esencial. Ella es quien se beneficia de la licencia de maternidad y ese tiempo le permite conocer a su bebé y crear, o más bien prolongar, una relación de intimidad estrecha. Incluso si ni la madre ni el padre tenían experiencia con bebés antes de la llegada del suyo, la madre pronto desarrolla un conocimiento y una habilidad particulares.

Pero el padre no tarda en estar presente. Su lugar, cerca del bebé, también es importante. Con su propio estilo, pero de manera tan competente como la de la madre, puede dar los biberones, proporcionar los cuidados del cuerpo y las caricias. El bebé siempre apreciará las sensaciones que el padre procura: olor y movimientos diferentes, otra manera de ocuparse de él. Gracias a eso el bebé aprende a diferenciarse de su madre y a adoptar una identidad propia; pero el padre también desempeña, durante el primer año, un papel muy importante al lado de su esposa. Al ahorrarle varias tareas y cuidados, puede ayudarla a consagrarse a las necesidades de su bebé: no sólo la ayuda a no vivir exclusivamente como madre al 100%, sino que también la ayuda a retomar su identidad propia de mujer y de esposa.

Tener padres implicados en su educación diaria es para el niño una prueba importante de equilibrio, de florecimiento y de integración al mundo.

El papá

Ya sea que esté loco de alegría, lleno de atenciones, maravillado o un poco perdido, también él atraviesa por una gran transformación en su vida diaria. La nueva responsabilidad de padre puede acarrear cierta ansiedad.

Tu cónyuge te ayuda ocupándose del bebé y participa activamente en las tareas cotidianas. Quizá se siente como esos "nuevos papás" que experimentan gran alegría al consentir a su recién nacido. Pero él ciertamente también necesita que le confirmes el hecho de que ante todo sigues siendo su compañera. Ser una joven madre atenta y presente no debe dispensarte de ser también y todo el tiempo una joven mujer, aquella a la que él ama y cuyo horizonte total no se resume a la maternidad.

Un padre para el niño

Su papel es enorme. El hombre aporta sensaciones diferentes que necesita el bebé. El olor, el contacto, la voz, la manera de cargarlo son diferentes y proporcionan una nueva visión del mundo. Gracias a eso, el niño aprende poco a poco a diferenciar a sus padres, y a situarse él mismo como niña o niño. Cada padre debería, por placer, pasar cada día un momento en conversación con su bebé y ocuparse sólo de él, cada semana durante un tiempo más largo, medio día o un día. Padre, madre y niño tienen todo que ganar. Muchos padres todavía ignoran hasta qué punto su pequeño los ama, los necesita y cuántas veces sería más importante llegar y hacerle un cariño.

El gusto de ser papá

Impresionado por el bebé, con frecuencia se siente torpe, ya que la madre adquiere capacidades muy rápidamente al estar en contacto diario con su niño. Es entonces cuando el círculo vicioso se cierra: el padre, menos competente que la madre y sintiéndose apartado, la deja que se ocupe de todo. Sin embargo, ocuparse lo antes posible de su bebé es la mejor manera de sobrellevar su aprensión y de crear una buena relación con él.

Padres, ocúpense de su bebé

Al parecer, los padres se están ocupando cada vez más y más de sus bebés y parece que les gusta mucho. Ya pasó el tiempo en que se consideraba que los niños eran asunto sólo de las mujeres.

Un cambio positivo

Hasta hace poco, muchos de los padres se habrían sentido incómodos al pasearse empujando un carrito o humillados por cambiar un pañal. Actualmente es común ver cruzar la calle a un padre joven con su bebé.

La evolución se dio bajo la presión de las mujeres. Las jóvenes estudian y trabajan igual que los jóvenes. Cuando tienen un niño, no tienen mayor experiencia que ellos, tampoco horas de práctica como niñeras o por haber cuidado a sus hermanitos o hermanitas.

El hijo mayor

Convertirse en hermano o hermana mayor ciertamente es una alegría y un ascenso. Pero eso también significa que a partir de ahora va a tener que compartir el tiempo y el amor de sus padres con un intruso que llora, que se hace pipí y que ni siquiera sabe jugar al dominó...

Tu primogénito necesita entender, al igual que tu cónyuge, que para él tú sigues siendo la misma. Tu corazón creció y el lugar que ocupa en él no se redujo. Para eso, tómate tiempo mientras el bebé duerme para estar a disposición de tu primogénito, para hablarle y jugar con él. Recuérdale cuán orgullosa estás de que sea grande, cuánto lo amas y cuentas con él. En fin, sé comprensiva con los sentimientos de celos tan naturales que puede expresar.

Cada quien debe encontrar su lugar

Si tu bebé nace en una familia en la que ya hay uno o más niños, se enfrentará a un comité de acogida más vasto. Seguramente ya habrás preparado este nacimiento con el o los mayores, de manera que no se sientan abandonados o decepcionados, sino enriquecidos con la aparición del recién llegado. Durante el embarazo, con frecuencia se muestran entusiastas e impacientes por ver a ese futuro compañero de juegos. Pero la llegada de un recién nacido gritón ante quien todo el mundo se maravilla, a veces viene a cambiar dolorosamente el orden de las cosas...

A lo largo de los primeros meses cada uno va a tener que encontrar su lugar y asegurarse de que no han dejado de quererlo a pesar de la competencia. Cada hijo necesita saber que es único en el corazón de sus padres. Es así como la rivalidad cederá su lugar a la complicidad. En cuanto al bebé, pronto se convertirá en un verdadero admirador de sus hermanos mayores.

Aprender a compartir

Este primer año no siempre es idílico. Pueden surgir manifestaciones de rivalidad o de agresividad. Tienen que recibirse como señales de preocupación y de dificultad que deben superar todos juntos. Este periodo sienta las bases del aprendizaje de la vida en común y exige de los padres una mezcla de comprensión, amor y cautela.

Los abuelos

Aunque, hasta aquí, se he hecho alusión sobre todo a los padres y a los hermanos y hermanas en la vida del recién nacido, es claro que el ambiente familiar no se limita a ellos. Desde el primer año de su vida es bueno para el bebé saber que, además del núcleo familiar, existe una familia más extensa, una especie de tribu de la que ya forma parte.

La importancia de los abuelos

- Más experimentados y disponibles, pueden ofrecer un relevo apreciable a los padres agobiados, y pueden ofrecerles la posibilidad de reencontrarse uno al otro en un marco de intimidad.
- Los abuelos atestiguan que el niño no sólo es el hijo de uno o la hija del otro. Eso introduce al niño en un mundo simbólico en el que el tiempo retoma su lugar.
- Los abuelos son prueba de un tiempo en el que los padres del bebé todavía no se conocían, en el que eran niños pequeños que también hacían un montón de tonterías. Le hace bien al niño sentir que esos padres perfectos, tan fuertes y poderosos, no siempre lo fueron. Así él, tan pequeño, llegará a serlo un día.
- Al no ser responsables de la educación de sus nietos y al disponer de tiempo libre cuando ya están retirados, los abuelos tienen más tiempo de ocio y paciencia para las confidencias, las canciones de cuna, los secretos, las papillas "hechas en casa" y los paseos.

Una historia de familia

Tíos, tías, primos, padrino y madrina, abuelos, son otros tantos adultos y niños con los que vas a poder tener lazos de afecto sincero y confiable. A la "nana" de la guardería y a la asistente los padres les pagan para ocuparse del niño, y dejas de verlas cuando tu hijo entra a la escuela. Pero los miembros de la familia ofrecen un amor "gratuito" y duradero. Los niños son sensibles a eso desde muy temprana edad, mucho antes de que puedan comprenderlo realmente.

> *El ambiente del bebé no se limita a la familia directa: padres, hermanos y hermanas.*
> *Se enriquece gracias a los abuelos, a los tíos y tías, a los primos.*

Un papel privilegiado

En este conjunto, los abuelos desempeñan un papel privilegiado que, de ninguna manera, es el de sustituir a los padres.

- A menudo ofrecen un relevo que los padres aprecian, ya sea porque tienen muchas cosas que hacer o porque desean tener un poco de intimidad. Experimentados, saben tomar distancia ante los problemas y dan buenos consejos.
- Los abuelos representan las raíces del niño, su historia. Son testimonio del pasado, del tiempo "cuando los padres eran niños". Gracias a los abuelos, el niño se descubre en el cruce de dos generaciones, de dos culturas, de las cuales él es el resultado, y descubre un pasado familiar que empezó mucho antes de su nacimiento.
- Los abuelos no están obligados a tener los mismos imperativos educativos que los padres. Si pueden estar disponibles para las confidencias, los paseos, las canciones infantiles y los barquillos, eso será algo maravilloso para los nietos.

La armonía entre generaciones a veces exige esfuerzos y respeto mutuo, pero finalmente enriquece a cada uno y es parte del equilibrio del niño. Por eso, sea cual sea la armonía que se dé entre el yerno, la nuera y las suegras, no debes privar a tus hijos de sus abuelos. Por el contrario, haz todo lo posible por dejarlos juntos en tu ausencia, sin meterse. Los abuelos aprenderán a respetar la manera que tienes de hacer las cosas, y así no habrá ningún problema.

El animal doméstico

Si un perro o un gato ya tenía, antes del nacimiento, un lugar "de niño de la casa", también va a tener que adaptarse al recién nacido y podrá manifestar señales de celos.

Los animales y los niños pequeños generalmente se entienden muy bien. A los niños les llaman mucho la atención los animales, que les devuelven bien ese afecto. Tener un animal en casa es una gran suerte para el pequeño, sobre todo si es hijo único. Pero ocurre que las cosas no son tan fáciles, sobre todo si el animal estaba en el hogar antes del nacimiento del bebé. Algunas reacciones de celos del animal son previsibles.

Respecto del perro, lo mejor es que durante la estancia en la maternidad, el papá traiga regularmente a casa los mamelucos del bebé para que la mascota los huela.

En cuanto al gato, su sentido de comodidad es un poco peligroso: ¡a lo mejor hasta irá a acostarse en la cuna! A lo largo de los primeros meses se recomienda nunca dejar solo a un bebé en una habitación en compañía de un animal, por más amable que éste sea.

La vida cotidiana y social

Es verdad que el bebé, al principio, requiere atención en todo momento. Esa preocupación maternal es absolutamente normal. Pero quedarse aislada en casa frente al bebé, ocupándose sólo de él, no puede durar mucho tiempo. Tú también existes, y poco a poco volverás a ver por ti misma y por tu bienestar.

Ocuparte de ti misma

Físicamente, ¿cómo te encuentras? ¿No será el momento de:
- empezar las sesiones de kinesiterapia;
- tener una dieta equilibrada que te permita perder lentamente los últimos kilos del embarazo;
- ir a que te den un tratamiento facial;
- hacer una cita con el peluquero;
- decidir descansar cada vez que el bebé duerme;
- hacer una cura vitamínica?

Las tareas domésticas debes organizarlas y simplificarlas al máximo. Por ejemplo:
- Haz tus compras por teléfono y pídelas a domicilio, usa el refrigerador y el horno de microondas.
- Prevé comidas sencillas.

- Haz que tu familia use ropa que no necesite plancharse.
- Pídele a tus padres que te paguen veinte horas de ayuda doméstica.

Las amistades

Algunas madres se quedan solas y encerradas. Es el momento de llamar por teléfono a las amigas. Dales preferencia a las que:
- tengan hijos grandes y acepten cuidar un rato a tu bebé;
- tengan el tino de llegar con un pastel, calienten el agua para un té y se vayan cuando tú ya estés muy cansada.

Si no tienes una amiga a quién hablarle:
- invita a tu vecina a tomar un café;
- atrévete a hablarle a esa mamá a la que has visto en el parque varias veces sola con su bebé;
- mete a tu bebé en la bolsa de canguro y sal a caminar y distraerte.

Otras madres tienen que aguantar las invasiones de la familia, a amigas despreocupadas y visitas que no terminan nunca:
- aprenda a decir "no" gentilmente;
- compra una contestadora de teléfono;
- a la visita que no pare de hablar, sentada en un sillón, proponle alguna actividad mientras tú amamantas al bebé;
- tómate tiempo para conversar con tu cónyuge.

Complácete

Para algunas puede ser hojear un catálogo y comprarse ropa nueva. Para otras, poner en el aparato de sonido su música favorita. Y para otras, volver a ver alguna película en casa (aunque la tengan que

Las primeras sonrisas verdaderas

Difieren de las sonrisas angelicales en dos puntos esenciales:

- abarcan la totalidad de la cara del bebé, no solamente la boca sino también los ojos;
- están dirigidas explícitamente hacia alguien (un bebé ve directo a los ojos) o hacia algo (la cara de un oso o de una muñeca de ojos bien delineados) y son parte de un diálogo. El bebé es sensible a la voz, a la mirada y a las caricias. También tiende a sonreír fácilmente en situaciones en las que se siente bien.

Para incitar a tu bebé a que sonría

- Háblale con una voz dulce y tranquila, llamándolo por su nombre, y después con sencillas frases afectuosas.
- Mécelo o acaríciale la cabeza, las mejillas o el vientre.
- Míralo a los ojos mientras le hablas y sonriéndole.

El papel que desempeña la imitación es importante. Tu bebé sonreirá si sonríes mucho. Aunque se haya demostrado que la aptitud para sonreír es innata, se desarrollará mejor en un ambiente en el que se sonríe con frecuencia.

ver por episodios) o releer alguna novela preferida... Cada una debe saber, sin culpa, cómo hacerse sentir bien. El ambiente será más agradable y el bebé estará más contento.

Comunicarse con el bebé

Si una se contentara sólo con alimentar y cuidar al recién nacido, sin intercambiar nada con él, éste tendría mucha dificultad para desarrollarse armoniosamente. Le faltarían dos elementos esenciales en su desarrollo: caricias y lenguaje.

Las caricias

El bebé tiene la necesidad de sentirse en lo más cercano, en lo más cálido del cuerpo de su madre. En ese íntimo contacto corporal adquiere un senti-

miento de protección y poco a poco descubre los límites de su propio cuerpo. Este contacto cálido, apacible y tierno lo ayudará a adaptarse al mundo y a desarrollar confianza en sí mismo.

La palabra

Hablarle a tu bebé es introducirlo en el mundo de los humanos. Háblale de todo lo que le concierne: del biberón, que todavía no está caliente; de papá, que va a llegar pronto o más tarde; de la pijamita azul, que le queda muy bien... El niño entiende. Quizás no el sentido preciso de las palabras, pero entiende que te diriges a él con amor y atención. Esas primeras palabras que se le dicen son tan importantes como las caricias. Lo ayudan a entrar, también, en el mundo del intercambio y del habla, y a forjar su personalidad futura.

Tu bebé tiene muchas maneras de comunicarse, con su llanto, su mímica, sus miradas. Tú respondes con un ademán, una frase, una sonrisa. Así sabe que lo aman.

La nana, la primera vez

Llega el día en que la madre vuelve a sentir ganas de salir de su casa. Ya sea de día, para tomar un curso o ir a la peluquería, ya sea de noche, para salir con su pareja o ir a ver a unas amigas. Después de la "pasión simbiótica" de los primeros días, en los que la madre y su bebé están pegados el uno al otro, la madre siente la necesidad de volver a vivir una vida "normal". No tiene por qué culparse por ello, ya que esto es parte del equilibrio, tanto del niño como del suyo. Poco a poco ambos tendrán que aprender a alejarse uno del otro, y el niño entenderá que su madre no le pertenece.

Cuando no hay familiares o amigos que vivan cerca y puedan ocuparse del bebé, la solución consiste en llamar a una niñera.

¿Cómo escoger a la niñera?

Siempre es preferible confiar a tu hijo, sobre todo cuando es la primera vez, a una persona que ya conoces, o que te hayan recomendado y en la que tengas confianza. Quizás una joven haya ido a ayudarte a casa en las semanas anteriores. Si es así, llámala: el niño y ella ya se conocen. Si aún no conoces a la persona que va a venir en tu ausencia, pídele que venga a tu casa un día antes, para que vea cómo se comporta con tu bebé y para que puedas conocerla un poco.

Cómo despedirse

- Avísale al bebé que te vas a ausentar y dile adiós. Aunque no comprenda el sentido exacto de las palabras, tu voz lo tranquilizará. Si es posible, evita partir mientras duerme. Si lo haces, dile adiós antes.
- Los bebés más pequeños son más sensibles a tu ansiedad que al hecho de que lo dejes con otra persona; entonces, una vez tomada la decisión y cuando todo esté organizado, sal de buena gana y diviértete.

¿Cómo debe uno organizar una salida tranquila?

Éstos son consejos que pueden servir como puntos de referencia.

- Prepara con anticipación todo lo que la nana necesite: biberón, leche, agua, pañales, crema, etc. Así le evitarás tener que abrir todos los cajones para encontrar una pijama limpia.
- Pídele a la nana que llegue un cuarto de hora antes de tu partida, para que puedas explicarle todo con calma.
- Indícale a la nana, si es necesario por escrito, los hábitos del bebé, como son medicamentos, cuidados, baño, biberón, etcétera.
- También deja escritos el o los números en los que pueden localizarte y otros útiles como el del médico, vecinos, emergencias o de los familiares cercanos.
- Finalmente, ve adonde dices que vas. Si modificas tu itinerario avísale a la nana y llega a la hora acordada. Si procedes así, vete tranquila.

¿Qué hacer para que el bebé no sufra la separación?

¿Cómo prepararlo en las semanas que quedan?

- Si aún lo amamantas, no esperes hasta los últimos días para destetarlo. Dale dos o tres semanas para remplazar paulatinamente las lactaciones al seno por biberones, sin que eso esté ligado a la separación. Todavía puedes amamantarlo por la mañana o por la noche.
- Un mes antes de que vuelvas a tus labores, intenta que cuiden al bebé alguna vez una hora, alguna otra por la tarde. Así le darás la confianza de que regresarás.
- Si aún no lo has hecho, decide rápidamente con quién vas a dejar al bebé. La separación sólo le caerá bien si te sientes totalmente de acuerdo con la persona que lo cuidará.
- Por último, prevé algún tiempo para que se vaya adaptando progresivamente.

Lo esencial no es tanto la experiencia con los niños como los buenos sentimientos y el sentido común. Lo que cuenta es que encuentres a una persona de confianza que consideres segura, a la que le gusten los niños y que sea dulce en su trato. El carácter de la niñera te permitirá irte tranquila.

Los padres que trabajan

En un número creciente de familias, sobre todo si sólo hay un niño, ambos padres trabajan. No pueden abstenerse de hacerse preguntas. ¿Paso suficiente tiempo con mi hijo? ¿No le habrá faltado mucho mi presencia durante sus primeros días? ¿Qué hacer para compensar todo ese tiempo que pasamos separados? Para empezar, la intensidad y la calidad del tiempo de presencia cuentan más que la cantidad. Puedes pasar horas al lado de tu hijo, y si él se entretiene solo y tú también, si no estableces ningún contacto, tu presencia no lo beneficia. Pero la calidad será tanto más importante que la cantidad. Cuanto menos tiempo compartas con tu bebé, más indispensable será que ese poco tiempo esté lleno de momentos intensos y plenos. Esto es tan válido para el padre como para la madre.

Toda madre y todo padre que trabajan deben empeñarse en reservar un máximo de tiempo para su niño y en estar disponibles para él sin importar qué pase. Es algo que las estructuras sociales y la organización del trabajo no favorecen mucho, y es lo menos que se puede decir. A cada quien le corresponde intentar hacerlas evolucionar y tomar decisiones. Un bebé no permanece pequeño por mucho tiempo: tiene la necesidad de la presencia de sus padres. Aprovechen antes de que sea muy tarde.

Aunque ambos tengan un trabajo de tiempo completo, los momentos que les quedan para pasarlos con su hijo son suficiente si los utilizan bien.

Las diferentes maneras de cuidarlo

Si tienes que regresar pronto a tu trabajo, es posible que ya sepas a quién le vas a confiar a tu bebé. No obstante, la búsqueda de una solución satisfactoria es tan larga y difícil que puede ser que aún tengas dudas.

La guardería

Las guarderías pueden ser públicas o privadas. Reciben niños de acuerdo con horarios estrictos. Favorecen que el bebé esté activo, la sociabilidad y... la propagación de microbios. Como la cantidad de lugares es muy inferior a la cantidad de solicitudes, es bueno inscribirse incluso antes de dar a luz y "respaldar" tu solicitud por todos los medios posibles.

Las guarderías proliferan y es importante hacer una buena selección que coincida con las costumbres, la ideología, el estatus social, la religión, etc., que se viven en el hogar. Esto ofrecerá la seguridad y la confianza que requieren los padres para el cuidado de su bebé. De la misma manera el cuidado, la atención personalizada, la higiene, el material de trabajo, las áreas comunes y de esparcimiento, entre otras cosas, son puntos que se tendrán que valorar antes de hacer la elección correspondiente.

El plan de emergencia

Hay otras soluciones, como la amiga que asiste a tu domicilio y que auxilia a otras madres amigas tuyas, o la abuela complaciente. Esta última solución resulta agradable tanto para el niño como para su madre, pero es un lujo cada vez menos común. Las familias con frecuencia se encuentran alejadas y las abuelas no siempre están disponibles...

Qué pediatra escoger

Tu médico general es competente para seguir la evolución de tu bebé. Pero puedes decidir dirigirte a un médico especialista. Presentamos aquí los criterios del "buen" pediatra para ayudarte.

• Te lo recomendaron padres que tienen buenas razones por las cuales sentirse satisfechos.
• Se encuentra muy cerca (puedes ir a consultarlo en una emergencia).
• Habla contigo por teléfono, no parece desagradable si lo molestas "por nada" y puede darte una cita en su agenda saturada si es necesario.
• Puedes, en un momento dado, ponerte en contacto con él los fines de semana o por la noche.
• Su sala de espera es acogedora, llena de juguetes para los niños que esperan la consulta.
• Crea directamente un buen contacto con el niño, le habla y lo trata con respeto y dulzura. En su consultorio también hay juguetes, un bote con dulces.
• Te da seguridad y se toma tiempo para escucharte y para responder claramente a todas tus preguntas.

Tienes derecho a cambiar de pediatra

Recuerda que tienen el derecho a cambiar de pediatra si no están satisfechos o si, después de varias vacunas o cuidados diversos, su bebé lo "toma a mal" y da alaridos de manera sistemática cuando el médico se le acerca.

La elección del tipo de guardería

En teoría, puedes elegir entre varias posibilidades. En la práctica, la elección desafortunadamente es más restringida. Para toda madre que trabaja, la guardería es una cuestión clave. Pero no podrás trabajar tranquila a menos que tu bebé esté en un buen ambiente y parezca feliz. Lo mejor es solucionarlo lo más pronto posible para escoger en función de tu gusto y para prever opciones en caso de rechazo. Una vez escogido el tipo de guardería, mantén tu posición con el fin de ofrecerle al bebé la posibilidad de acostumbrarse a esa "nueva casa".

En la guardería o con la asistente maternal

- Pon en la cama de tu hijo dos o tres juguetes de la casa, para crear un vínculo.
- Pon cerca de tu almohada un pañuelo de seda que hayas traído puesto varios días en el cuello. Impregnado de tu olor, le recordarás tu presencia al bebé.

El ingreso a la guardería

Tu licencia de maternidad ya terminó. Tienes que volver a tu vida profesional y tu bebé debe ir a la guardería. Esta separación, si no se toman algunas precauciones, puede resultar poco agradable para ambos. Un bebé de esta edad es muy sensible a esta separación y sus necesidades afectivas son grandes, no posee los medios para entender la situación ni aquéllos con lo que puede expresar su aflicción. Para ayudarlo tienes que hacer frente a dos exigencias.

- La primera: hacer las cosas poco a poco. El tiempo de adaptación es fundamental para que el bebé se acostumbre. Él va aprendiendo a sentirse a gusto en esos dos marcos de vida y entre las diferentes personas que lo cuidan. Pero la adaptación no es una simple inmersión progresiva en un entorno.

Es un tiempo en el que, como madre, vas a acompañar a tu bebé en su nuevo espacio, a estar allí con él, a estar en todas las habitaciones en las que pronto él estará solo. Así, ese lugar estará "investido" de tu presencia y el bebé la recordará cuando se encuentre ahí sin ti.

- La segunda es preservar la seguridad interna de tu bebé. Para lograrlo es bueno que no haya ni ruptura ni conflicto entre la guardería y el hogar. Es necesaria una fase de transición de algunos minutos, en la mañana y en la noche, destinada a intercambiar impresiones respecto de tu bebé, de su noche, de tu jornada, de tu ritmo.

No olvides que los miedos del niño a menudo son reflejo de la ansiedad y la culpabilidad de su madre. Si estás segura de tu elección, tu hijo la aceptará con tranquilidad. Pero si estás insatisfecha, culpable o triste por el tipo de guardería que elegiste, el niño lo va a resentir. Se dirá a sí mismo que, si estás preocupada, es porque tenías razones para estarlo y que existe un peligro para él. Recuerda que tu hijo está en contacto directo con la realidad de tus emociones. Más vale simplemente hablarle: "Tú sientes que estoy triste por dejarte todo el día, pero poco a poco nos acostumbraremos. Estoy segura de que estarás bien aquí y estaremos muy contentos de reencontrarnos en la tarde."

Estar disponible para su hijo

El riesgo proviene del hecho de que los padres llegan cansados de su trabajo frecuentemente y les cuesta mucho encontrar la disponibilidad necesaria.

Tu irritación repercute en tu niño. Para llamar tu atención, entre los 18 meses y los dos años, multiplicará sus necedades, ya que si se porta bien nadie le hace caso. Y en lugar de que los reencuentros sean momentos de alegría, se convierten en confrontación. Los padres se dicen a sí mismos que no van a utilizar en disciplina las pocas horas que comparten con su hijo. La situación está en peligro de empeorar y el final del día se vuelve difícil.

Para evitarlo es absolutamente necesario que los padres encuentren la manera de relajarse antes de reencontrarse con su hijo: él nunca es responsable de la presión laboral y no tiene por qué sufrir las consecuencias. Les corresponde a los padres establecer una buena calidad de comunicación. Así, el niño no tendrá que echar mano de diferentes provocaciones (dejar de comer, despertarse por las noches, etc.) para establecer un diálogo y reclamar su derecho a la ternura y el amor.

Reencontrarse por la tarde

- Hasta que tu niño se acueste, deja de lado todo lo que no es indispensable o que no le concierne como son la limpieza, las compras, el correo electrónico, la comida de los adultos, etcétera. Piensa que pasar la escoba es menos importante que hacer una torre con sus cubos.
- Usa útilmente el tiempo que pasan juntos. El baño, la comida, el cambio de ropa, meterlo a la cama pueden ser muchos momentos de comunicación, de intercambio y de estimulación.

La alimentación del bebé

Del destete a los alimentos sólidos: qué comer, cómo comer,
lo que le gusta y lo que no le gusta al bebé.

Ya sea que le des el pecho o lo alimentes con biberón, la leche que recibe tu bebé es suficiente para cubrir sus necesidades durante tres o cuatro meses. Con excepción de algunos casos, no hay ninguna necesidad de diversificar su alimentación antes de ese tiempo. Estos cambios dependen de la reacción de cada bebé ante la novedad y ante la introducción progresiva de nuevos alimentos. Hasta el final del primer año la leche es un elemento básico en su alimentación, que puede irse remplazando de manera progresiva con equivalentes lácteos (queso, yogur, etc.).

Este periodo de transición lo vivirás mucho mejor si has ido practicando poco a poco y tomando en cuenta los gustos del bebé sin excesiva preocupación. No olvides nunca que el elemento esencial de la comida está en el placer del encuentro, de un momento de felicidad y de satisfacción compartida.

El destete

Si debes volver dentro de poco al trabajo y dejar al bebé en la guardería el día entero, tal vez pienses que ya es tiempo de dejar de amamantarlo.

Si eres de las madres que amamantan y tienes que acabar de hacerlo para retomar tu trabajo al final de tu licencia de maternidad, debes saber que es preferible no esperar al último día para llevar a cabo la transición. Las primeras veces es probable que al bebé no le guste el cambio. Por eso debes hacerlo de manera progresiva. Algunos aprecian muy pronto los biberones, con otros bebés habrá que tomar precauciones.

Así que es bueno comenzar con anticipación, puesto que siempre será preferible un destete progresivo que una ruptura brusca. Asimismo, hay muchas madres que, aún después de volver al trabajo, siguen alimentando al bebé dos veces al día, por la mañana y por la noche, aun cuando el bebé come igual que los demás en la guardería.

Por el contrario, puede ser que por cansancio ya no tengas la suficiente leche para satisfacer el creciente apetito de tu bebé. Si esto lo compensas con biberones suplementarios, es posible que tu producción de leche disminuya aún más como consecuencia del aumento de las exigencias del bebé. En una semana ya no tomará más que del biberón y estará muy bien. No te culpes si tu sueño era amamantarlo unos meses más: le diste el mejor inicio posible. El padre y tú podrán darle el biberón y ambos lo harán con el mismo amor.

Algunos consejos

- Desde el nacimiento acostumbra a tu bebé a beber en biberón. De vez en cuando ofrécele agua, y también jugo de naranja.
- Familiarízalo también con el sabor de la leche artificial. ¿Por qué no en el biberón de la noche? Puedes aprovechar para que el papá se lo dé mientras tú aprovechas una larga noche.
- Dale alrededor de dos semanas para remplazar totalmente el pecho por los biberones. Empieza por la comida de la noche, después por la de media mañana, etcétera.
- Si tu bebé tiene más de tres meses cuando tú vuelves a trabajar, puedes proceder al mismo tiempo al destete y a diversificar la ingesta de comida y darle entonces a probar con la cucharita.

Otro tipo de alimentación

La primera papilla, las verduras, la carne,
el pescado y los huevos, la fruta, las bebidas…

Empezar a diversificar

Durante los primeros tres meses tu bebé sólo necesita leche. Pero su estómago no puede retener más que cierta cantidad en cada comida. Llega el momento en el que el bebé, habiendo bebido todo el biberón, aún tiene hambre, o bien no absorbió las suficientes calorías para aguardar hasta la siguiente comida. Te percatarás de ello si parece insatisfecho después de la comida o bien si, tras haber hecho sus cuatro comidas, reclama mucho antes de la siguiente. Incluso otros reclaman un nuevo biberón durante la noche aun cuando ya habían tomado uno antes de dormir.

Esto sucede, dependiendo del bebé, entre los dos y medio y los cuatro meses. De los tres a los cuatro meses es la edad en que ya no necesitan ser amamantados tan a menudo. Es momento de diversificar la alimentación y de introducir la cucharita, pero sin disminuir por ello las raciones de leche: las necesidades de leche del bebé siempre son importantes. Hay que calcular así:

• A los cuatro meses, aproximadamente 210 ml cuatro veces al día;
• A los seis meses, aproximadamente 240 ml tres veces al día.

¿Qué alimentos darle?

Siendo diferentes todos los bebés, debes adaptar el momento de la diversificación y la manera de proceder al gusto de tu bebé. Él sabrá hacerte entender lo que le gusta y lo que no. Lo esencial, a la hora de la comida, es siempre el placer de compartir un momento privilegiado.

Ya que a los bebés les atraen más los sabores dulces, a la hora de la merienda puedes empezar a diversificar dándole una pequeña cantidad de fruta (manzana, plátano, pera, chabacano, durazno) con una cucharita o en biberón. Dada la porción que necesitará al principio (una o dos cucharaditas), lo mejor es comprar frasquitos de papilla de fruta.

Pronto podrás introducir también el puré de verduras. Muy bien batido se puede agregar en el biberón. Así el bebé se acostumbra a su sabor progresivamente. De cualquier forma, para que el cambio no sea brusco, puedes intentar durante una semana hacer su biberón de leche del mediodía con un poco

¡Cuidado!

Las papillas, muy en boga en otros tiempos, están un poco pasadas de moda. Gracias a ello cada vez hay menos bebés regordetes. Las calorías que dan las harinas se almacenan en gran parte en forma de grasa. Darle demasiadas puede provocar que el bebé engorde de manera exagerada. Hay que resistirse a la variedad de productos propuestos y a su facilidad de preparación. En cantidades razonables (las que el pediatra recomiende en vez de lo que dice la caja), la papilla puede ser de gran utilidad y contribuir al equilibrio nutricional de tu niño.

La harina que elijas debe ser:

• "1ª etapa": destinada a los niños de tres a seis meses;
• "sin gluten" (esto se especifica en el empaque) ya que un niño de esta edad no lo tolera bien;
• "instantánea", ya que es fácilmente asimilable;
• simple, como una harina compuesta de un conjunto de varios cereales, o una harina con diastasa;
• ni azucarada ni salada.

Por el momento deja de lado las harinas con verduras, con frutas o con cacao, que no corresponden a un niño muy pequeño. Cuando tu bebé tenga ocho o nueve meses, puedes darle la harina de su preferencia y variarla según sus gustos.

de consomé de verduras en vez de agua. Así tendrá el gusto por las verduras sin todavía experimentar el cambio de consistencia.

Dale a tu bebé un solo alimento a la vez, así puedes apreciar mejor su reacción y darle algunos días antes de pasar a otro alimento, pero evita obligarlo a comer lo que no quiera. Quizá no tenga hambre o no le agrade. Transformar entonces la comida en una relación de fuerza no resultaría en ningún beneficio, y en cambio sería dañino para la secuencia de su educación alimenticia.

La primera papilla

Según la regla dietética contemporánea (ha variado) hay que esperar alrededor de tres meses antes de diversificar la alimentación del bebé y, en particular, antes de agregar harina en el biberón. Hasta esa edad la leche materna o de fórmula cubre sus necesidades. Si la cantidad de leche parece no ser suficiente para el bebé siempre es posible aumentar ligeramente la cantidad propuesta. Pero alrededor de los tres meses, a veces una o dos semanas antes, algunos bebés se despiertan de hambre en la noche. Otros tienden a regurgitar y se ven beneficiados con una leche un poco espesa.

La preparación de la papilla

Si bien es cierto que las harinas "para cocer" requieren tiempo de preparación, las harinas instantáneas están listas para emplearse y se disuelven rápido, agitando el biberón de leche caliente o tibia. La leche que se utiliza es la misma que con la que normalmente se alimenta al bebé, diluida en las mismas proporciones.

Las harinas llamadas lácteas se preparan con agua. Con un poco de leche constituirían una preparación demasiado concentrada para el bebé. Sólo úsalas bajo vigilancia de tu médico. Finalmente, no agregues ni azúcar ni sal ni miel a la papilla del bebé. ¡Aunque a ti te parezca totalmente insípida!

¿Qué cantidad de papilla darle?

Una cucharada cafetera en el biberón de la noche es la cantidad que generalmente se admite y es suficiente para empezar a ayudar a que el bebé duerma más en la noche. Tiene que "llenar" a tu bebé más que la leche y permitir que pase una noche más prolongada. Según la edad del bebé, aumenta las cantidades en el desayuno, por ejemplo. Algunos bebés pueden tomar una cantidad más grande de harina, pero eso lo tienes que decidir junto con tu pediatra.

Finalmente, las papillas son una buena transición entre un régimen lácteo estricto y la diversificación alimenticia: le aportan al bebé calorías suplementarias y elementos nutritivos que no existen en la leche.

Las verduras

Por su gran variedad y su interés dietético (sales minerales, vitaminas, celulosa, etc.), las verduras son la base de la diversificación alimenticia. Su calidad nutritiva depende sobre todo de si son frescas.

A los cuatro meses puedes empezar con las verduras verdes, como los chícharos (guisantes), las calabacitas y el puerro (poro). Agrega un poco de zanahoria para endulzar el sabor y una papa para la consistencia. Hacia los seis meses se pueden introducir espinacas, berenjenas y alcachofas. Hacia el octavo mes, es conveniente ya no mezclar las verduras en un puré, sino hacerle probar al bebé sabores separados: puré de zanahoria y de brócoli se ponen uno al lado del otro. En las sopas puedes agregar sémola, fideo y otras pastas.

¿Cuándo introducir la sopa de verduras?

Al bebé puede sorprenderle este nuevo sabor, por lo que conviene introducirlo progresivamente. Lo mejor consiste en sólo utilizar, los primeros días, los caldos de cocimiento de las verduras.

Llena el biberón hasta la medida acostumbrada, pero remplazando el agua con el caldo de verduras; agrega el número de medidas de leche acostumbrado, y dáselo así. Durante algunos días no agregues verduras machacadas en el biberón, el bebé se acostumbrará a un nuevo sabor antes de acostumbrarse a una consistencia. Cuando agregues el puré de verduras al biberón quizá quieras agregar, por lo menos al principio, una o dos medidas de leche en polvo. Al niño le gustará volver a encontrar ese sabor.

La preparación de las verduras

Utiliza las verduras más frescas, pélalas y córtalas en pedacitos, cuécelas en el agua del grifo (tienen que hervir durante mucho tiempo): veinte minutos en olla de presión, más o menos una hora en cacerola (cocimiento normal).

No le pongas sal al agua de cocimiento. Lo mejor es cocer una pequeña cantidad de frutas o verduras en un poco de agua o bien al vapor; después, cuando estén blandas, hazlas puré o bátelas.

Un bebé pequeño generalmente prefiere los purés sin grumos. Pero habituarlo pronto a la consistencia grumosa puede representar un logro para las etapas subsecuentes.

¿Qué hacer si el niño rechaza el biberón de sopa?

Si lo rechaza vuelve al biberón de leche pura e intenta la semana siguiente. Si rechaza la introducción de verduras batidas en el biberón:

- ¿Pusiste una pequeña cantidad para empezar (una o dos cucharaditas)?
- ¿No pusiste verduras con un sabor fuerte en la sopa (poro o cebolla, por ejemplo)?
- ¿Hiciste el hoyo de la tetina lo suficientemente grande como para que la sopa pase sin mucho esfuerzo del bebé?

Las ventajas del biberón con sopa

- Aporta vitaminas, sales minerales y la celulosa que necesita el bebé en el plano nutricional.
- Te permite aumentar la cantidad de comida que le das al bebé sin un exceso de azúcar o de harina y, por ende, sin aumentar su ración de calorías.
- Otra cualidad de la sopa de verduras es que regulariza el tránsito intestinal y actúa en los pequeños problemas digestivos. Si el bebé está constipado, insiste con las verduras verdes. Si tiene diarrea ponle zanahorias.

Comida de frasquitos o productos frescos

No serviría de nada combinar los dos tipos. Los frasquitos de comida están sujetos a controles de calidad muy estrictos, representan un importante ahorro de tiempo y de energía y permiten variar fácilmente los menús del bebé. El inconveniente es que no se pueden restituir ni el sabor ni las texturas similares a los preparados en casa y que frecuentemente tienen un contenido más alto de azúcar y grasa. En conclusión, son una solución de remplazo conveniente de las comidas hechas en casa, pero no es aconsejable que sean el único tipo de alimentación del bebé.

¿Qué cantidades? Tu niño te guiará. Las primeras etapas deben franquearse poco a poco: 10 a 12 g de puré finamente batido y mezclado en el biberón son suficiente. Después, si el bebé lo consiente, incrementa de 20 a 30 g por semana. De manera progresiva puedes ir haciendo el puré más espeso y dárselo con cucharita, ya con un poco de sal.

¿Qué verduras escoger?

Empieza por las clásicas: papa, zanahoria, poro (en pequeñas cantidades: a algunos no les gusta mucho cómo saben). Cuando el bebé se acostumbre (un mes o dos más tarde), puedes agregar, según la época y lo que tengas, habas verdes, calabacitas, lechuga, acelgas, perejil, espinacas, tomates, corazones de alcachofa.

Espera uno o dos meses más (casi hasta los cinco) antes de introducir las demás verduras: nabo, coliflor, apio y berenjena. Pronto será tiempo de variar el sabor de la sopa y de iniciar al niño en sabores nuevos. A la mayoría les gustan mucho los biberones con caldo de verduras. Aprovecha para darle al tuyo el sabor de las verduras verdes que tantos niños rechazan más tarde por no estar acostumbrados a ellas.

¿A qué hora darle el biberón con sopa?

Al mediodía o por la tarde, como prefieras. No es aconsejable darle a un bebé muy pequeño una sopa o una papilla cocidas hace ya veinticuatro horas. Por el contrario, puedes cocer la sopa para varios días y congelarla, como puré espeso, o en cantidades pequeñas. En la comida, descongela justo la cantidad de sopa que vaya a necesitar. ¿En qué congelar tan pequeñas cantidades de sopa? Piensa, por ejemplo, en los moldes para hacer hielos y tazas de plástico.

Los frasquitos de puré

¿Qué pensar de los frasquitos con purés de verduras ya listos o de las diferentes sopas que se venden ya preparadas? Son buenos; los fabricantes de productos para bebé están sujetos a muy estrictos controles de calidad. Estos precocidos, de sabores muy variados, facilitan gratamente esos días en los que no hay tiempo para cocinar. Más tarde podrás utilizar también, para las sopas de verduras del bebé, los purés de verduras congelados.

Los precongelados

Durante los primeros días tu bebé sólo comerá un poco de sopa o de puré de verduras a la vez. Entonces puedes prepararlos para varios días y conservarlos en el congelador.

También puedes comprar precocidos congelados. Las tortitas de puré de verduras son muy prácticas ya que permiten utilizar sólo la cantidad deseada. Así tienes a disposición una gran variedad de verduras, cosechadas en el momento de su madurez. La única preocupación es que los alimentos nunca dejen de estar congelados, y nunca vuelvas a congelar un producto que ya se descongeló.

La carne, el pescado y el huevo

Hacia los seis meses, cuando el bebé tome bien su puré de verduras con cuchara, puedes empezar a introducir carne y pescado en su alimentación. Empieza por una cucharadita de jamón o de pescado finito y picado. Puedes variar la comida con media yema de huevo, después con una entera. Para darle el huevo entero espera a que el niño tenga alrededor de diez meses. En todos los casos lo esencial es que los alimentos estén frescos. Aumenta las cantidades progresivamente según su apetito y sus reacciones.

Darle carne o pescado en el desayuno basta para todo el día. En la tarde el bebé volverá a comer su sopa de verduras, dásela con cuchara o en el biberón, según la edad y el gusto del bebé.

La fruta

Hacia los seis meses las compotas pueden dar paso a la fruta fresca. Bien madura, pelada y machacada con el tenedor (o rallada o batida ligeramente según la fruta), será una delicia para los niños y una fuente importante de vitaminas. Hacia los ocho o nueve meses el niño puede probar todas las frutas: frambuesas, cerezas deshuesadas, pasas (al principio, tienes que quitar la piel y las semillas), ciruelas, mangos, gajos de mandarina o de naranja peladas, etc.

Las demás bebidas

- Los tés e infusiones de hierbas o frutas son refrescantes, calmantes, digestivos y con frecuencia a los bebés les gustan mucho. De preferencia dáselos sin azúcar.
- Los jugos de frutas frescas, hechos en casa o "100% fruta fresca" tienen una buena aportación de vitamina C, pero no debes darle demasiada cantidad al bebé, ya que son demasiado nutritivos.
- Los jarabes, las sodas o bebidas de frutas deben evitarse ya que contienen una gran cantidad de azúcar y ninguna aportación particular para la dieta. Acostumbran al niño a beber azúcar y frecuentemente hacen que rechace el agua pura y fresca, que debe ser la única bebida básica.

Las bebidas

Desde su nacimiento el agua es indispensable para el bebé. En periodos de calor intenso puede ocurrir que la cantidad de agua en la leche no sea suficiente para el recién nacido o bien que sufra de diarrea o vómito. En ese caso habrá que darle agua en el biberón durante el día. De cualquier manera siempre es importante, desde los cuatro meses, acostumbrar al bebé a ingerir otros líquidos además de leche, y particularmente un poco de agua cada día.

El régimen antidiarreico

La diarrea es una afección frecuente en los bebés. Aunque común, puede deberse a un enfriamiento, a una mala digestión o a la salida de un diente. En casos más serios, por ejemplo, puede ser signo de una gastroenteritis.

Si la diarrea es líquida, persistente y va acompañada de fiebre y vómito, si el bebé parece apático y pierde peso, tienes que consultar rápidamente al médico. Le dará un tratamiento específico y le recomendará que inmediatamente pongas al niño bajo un régimen antidiarreico. Por esto, en cuanto constate que las evacuaciones de tu bebé son muy líquidas (o acuosas), puedes recurrir sin tardanza a estas medidas alimenticias.

Modificar su alimentación

Suprime inmediatamente de la alimentación del bebé:

- la leche;
- los lácteos: yogures, quesitos batidos, flanes, quesos blancos;
- las frutas y verduras crudas, los jugos de fruta.

Remplázalos por:

- Sopa de zanahorias. La sopa de zanahorias se hace simplemente poniendo a cocer las zanahorias peladas y lavadas en agua. Después bate las zanahorias y diluye el puré con agua mineral. Esta preparación puede sustituirse con un biberón mezclado con un poco de puré de zanahoria de frasquito y agua mineral. Puedes endulzar levemente el biberón si tu bebé así lo prefiere.
- Harina de arroz o agua de cocimiento de arroz (no tratado o precocido).
- Un plátano licuado, compota de manzana y membrillo o mezcla de frutas (hay envases pequeños en las tiendas). En cuanto al plátano, tiene que estar bien maduro. Después quítale la cáscara, bate la pulpa y dilúyela en agua.

Ideas divertidas para los mayores

- Para crear bebidas divertidas y mejores para la salud que las sodas, procede así: mezcla en una misma botella o en un mismo vaso néctar de frutas (piñas, chabacanos, frutas exóticas) y agua gaseosa, sin sales, a partes iguales.
- Haz tus propios helados en moldes para hielos, vierte chocolate con leche o jugo de frutas (en este caso, pon en medio una fresa o un gajo de mandarina). Cuando se empiecen a congelar, inserta un palito o mondadientes.

¿Qué tipo de agua darle?

El agua que utilizas para los biberones es muy conveniente ya que es pura y un poco mineralizada. Tu médico te dirá cuándo debes empezar a darle al bebé agua purificada sin hervir, incluso (en algunas regiones o países) agua del grifo. Lo más común es que sea alrededor de los cinco meses, pero eso depende de la calidad del agua y de la región donde vives. ¡Pero es tan práctico!

A partir de ese día también puedes darle con qué entretenerse a tu bebé, por ejemplo, en el verano, con unos hielos (naturales o de sabores).

Vida diaria

Lo esencial es que la comida se desarrolle en un ambiente relajado y no se transforme nunca en una lucha. No se puede obligar a un bebé a que coma. Mala suerte si no se acaba su biberón o si se agita en su silla alta para bajarse de la mesa. Cuando tenga hambre ya comerá.

El apetito se regularizará a medida que sentarse a la mesa se convierta en un verdadero placer. Cuando el niño empieza a asociar la comida y la obligación o la sopa y la ansiedad de la madre es cuando las dificultades alimenticias empiezan a manifestarse.

Para el niño de pecho comer es una fuente de sensaciones de plenitud muy agradables. También es un tierno intercambio. Pero si se obliga al bebé a tomar la cantidad que se ha dispuesto como correcta para él, pierde el contacto con sus propias necesidades internas y, eventualmente, todo placer de alimentarse.

¿Qué hacer si el niño no quiere comer?

Nada. Un niño pequeño puede tener varias razones por las que no quiera comer; puede, por ejemplo, estar inapetente, está iniciando una gripe, no le gusta esa nueva verdura, etcétera. Si le retiras el plato al cabo de un tiempo razonable (de diez a quince minutos) para pasar al postre, hay grandes posibilidades de que se compense en la comida siguiente. No tienes de qué preocuparte. Por el contrario, si te muestras ansiosa y transformas las comidas en relaciones de fuerza, te estás arriesgando a establecer el comportamiento del niño. Cada comida será en lo sucesivo un momento de lucha entre tu voluntad y la del niño.

Tu bebé ya es capaz de sostener solo el biberón. ¿Podrías dejar que beba solo?

¡Cuidado! A menos que pueda continuar bebiendo el biberón en tus brazos, el bebé rápidamente considerará que la autonomía es una vía poco atractiva. Además podría atragantarse.

El niño pequeño ante todo necesita amor y los alimentos serán bien asimilados si la comida es un momento privilegiado de complicidad. Así que no te preocupes ni seas estricta; el equilibrio alimenticio de tu niño será una consecuencia del equilibrio psicológico y de su alegría de vivir.

Si el niño es particularmente despierto y activo, puede suceder que las comidas sean difíciles. Con curiosidad por todo, pronto será capaz de atrapar lo que tiene a la mano o lanzar aquello que pudiera resultar interesante.

Pequeños y grandes apetitos

Algunos bebés, desde su nacimiento, tienen poco apetito. Con frecuencia rechazan el último resto de su biberón o se dan media vuelta cuando les ponen enfrente un puré preparado aun con mucho amor. Las mamás se inquietan y no saben cómo reaccionar. ¿El bebé está satisfecho? ¿Estará enfermo? A otros bebés nunca les satisface la cantidad. Siempre tienen hambre antes de la hora y se abalanzan sobre su comida con voracidad. ¿Hasta dónde hay que aumentar las cantidades?

Ser flexible

Es fácil que las madres se inquieten por las peculiaridades alimenticias de sus bebés y a diario se preguntan si tomó suficiente. La respuesta es sí. Puedes confiar en tu bebé, él sabe qué necesita. Un bebé que tiene hambre come. Si ya no quiere más de su biberón o su papilla, es que ya no lo necesita. Si no equilibró bien su alimentación durante el día, ya lo hará durante la semana, entonces es inútil que te inquietes, sobre todo si sus gráficas de altura y peso evolucionan normalmente.

Si tu niño siempre quiere más, puede que esté en un periodo de mucho crecimiento. Te toca decidir con el pediatra qué cantidades darle. Debido al riesgo de obesidad, vigila sobre todo no aumentar exageradamente las cantidades de harina y azúcar para que tu bebé "se llene". Por lo demás, el niño debe comer hasta saciar su hambre. Al igual que nosotros, algunos días el pequeño tiene mucho apetito y otros no tanto. Nos corresponde a nosotras adaptarnos a su apetito del momento.

No se está quieto

Distraído por todo lo que puede ocurrir en la cocina, se agita en la silla alta y se olvida de comer. Con frecuencia intentas convencerlo de quedarse sentado y de que coma lo que tiene enfrente.

No te inquietes. Si no le das mayor importancia, su rechazo a comer no durará mucho. Para él la vida es muy apasionante y hay demasiadas cosas para hacer como para perder el tiempo sentado en la mesa. Esto se le pasará y volverá a tener hambre.

Una solución consiste en hacerlo comer solo contigo en la cocina, en calma, sin muchas distracciones. Desde luego, no lo fuerces a terminar y no te enojes por su manera de actuar. También puedes intentar darle uno o dos juguetes de plástico con los cuales se mantendrá ocupado mientras come.

¿Por qué no ofrecerle también la oportunidad de compartir a veces la comida familiar? Comer en la mesa con todos es un gran placer para el niño, así como la ocasión de experimentar nuevos olores y sabores. ¡Y así empieza a educarse el gusto!

No quiere comer nada

Sucede con frecuencia que un niño rehúse comer o sólo acepte unas cuantas cucharadas. La madre que preparó la comida con tanto esmero y cuidado admite con dificultad que el niño no la quiera.

Alimentación: simplifícate la vida

En cuanto tenga la edad de hacerlo, dale al bebé un vaso provisto de una tapa con un aditamento con perforaciones para que pueda beber solo. De plástico irrompible, con asas, pesado en el fondo para que sea difícil de voltear, es el objeto que se necesita para ayudar al bebé a hacer la transición del biberón al vaso. En un primer momento, ofrécele este envase vacío para que se familiarice con él: lo va a voltear, sacudir, aventar al piso, etc. Después llénalo con una bebida que le guste mucho y enséñale cómo usarlo. Aprenderá rápido y cada día ganará mayor habilidad.

Otro objeto que puede simplificar la hora de la comida, cuando el bebé sujeta la cuchara, es un babero de plástico rígido que se fija alrededor del cuello del niño, sin cintas y fácil y seguro de usar. La parte de abajo de algunos baberos está provista de un recipiente donde se acumula el alimento que se le cae al niño. No solamente es seguro, sino también muy práctico. Después de la comida sólo hay que pasarle una esponja para limpiarlo.

Evita lo que pronto se transforma en círculo vicioso

- No pierdas de vista que una comida es un momento de felicidad, de descubrimientos y redescubrimientos. Relájate y evita enojarte durante esos momentos.
- Ten en cuenta qué alimentos le gustan y qué alimentos le disgustan a tu bebé, lo cual no impide que pruebes a darle nuevos sabores cuando se presenta la ocasión.
- Nunca obligues a tu hijo a que se acabe todo lo que hay en el plato.
- Más vale servirle cantidades pequeñas y volver a servirle según lo requiera, que ofrecerle una cantidad muy grande que lo desanime si no tiene mucha hambre.
- No le des de comer, "para compensar", entre las comidas.
- No te obsesiones por la evolución de su curva de peso.
- Confía en el organismo de tu niño, el cual es perfectamente capaz de manejar solo sus necesidades alimenticias. Si respetas este principio, probablemente no tendrás ningún problema.

Por último, recuerda que, en este tipo de conflicto, no tienes que "ganar" a cualquier precio. Lo que está en juego aquí es la autonomía de tu hijo.

Razones por las cuales debes dejar comer solo a tu niño

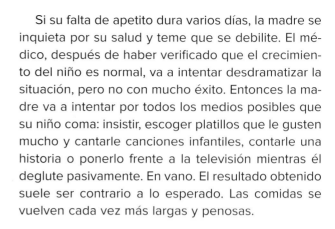

- Si dejas pasar el tiempo en el que tu bebé quiera comer solo, esta necesidad puede desaparecer y no volver a presentarse tan rápido. Algunas madres tienen que seguir dando de comer a sus niños hasta los dos o tres años. El niño necesita mirar, manipular, probar, oler los alimentos, ya que sus sentidos son más libres y más refinados que los nuestros. Si respetas esa necesidad, al bebé le gustará sentarse a la mesa, lo que es un punto importante para el futuro. Le gustará comer, probar alimentos nuevos y probablemente no será un niño "difícil".
- Puede ser que tu niño coma más gracias a la dimensión de placer y juego que represente la comida, al contrario de cuando le das con la cuchara. Esto compensa su torpeza. En todo caso, aprende a regular su apetito.
- El niño que puede comer solo aprende rápido a comer más y con mayor limpieza. Hacia el año, el placer de manipular la comida le cederá el lugar al deseo de "hacer como mamá", y por ende de comer correctamente. Gracias al entrenamiento, tu niño será autónomo y limpio en la mesa, más rápido que otros.

Algunos consejos para enseñarle el uso de la cuchara

- Empieza la comida ofreciéndole el puré o la compota con la cuchara cuando el bebé tenga mucha hambre, eso lo animará a hacer el esfuerzo. Tu recompensa será terminar la comida con un buen biberón.
- Si el bebé es de boca pequeña, al principio usa una cuchara muy pequeña, tipo cucharita para café.
- El contacto de metal es nuevo y no necesariamente agradable. Empieza con una cucharita de plástico.
- ¿El bebé se lleva todo a la boca? De vez en cuando déjalo jugar con una cuchara de plástico, fuera del momento de la comida, de este modo se acostumbra a tenerla en la boca.

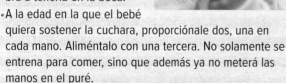

- A la edad en la que el bebé quiera sostener la cuchara, proporciónale dos, una en cada mano. Aliméntalo con una tercera. No solamente se entrena para comer, sino que además ya no meterá las manos en el puré.
- A algunos bebés les encanta el biberón por lo cual es inútil privarlos de éste.
- Acostúmbralo desde muy temprana edad a beber su jugo de fruta con una cucharita.

Si su falta de apetito dura varios días, la madre se inquieta por su salud y teme que se debilite. El médico, después de haber verificado que el crecimiento del niño es normal, va a intentar desdramatizar la situación, pero no con mucho éxito. Entonces la madre va a intentar por todos los medios posibles que su niño coma: insistir, escoger platillos que le gusten mucho y cantarle canciones infantiles, contarle una historia o ponerlo frente a la televisión mientras él deglute pasivamente. En vano. El resultado obtenido suele ser contrario a lo esperado. Las comidas se vuelven cada vez más largas y penosas.

Camino hacia la autonomía

Las comidas son para él una ocasión excepcional de descubrimiento; qué alegría meter los dedos en el puré o asir solo su biberón. ¡Desde luego el resultado no siempre es afortunado! Pero sería una pena no aprovechar el tiempo de las comidas para permitirle que ejercite los movimientos de atrapar, llevarse a la boca y manipular los objetos.

Y como tú comprenderás, la comida es para él lo más interesante para manipular y llevarse a la boca.

Conflictos frecuentes durante las comidas

- El niño desea sujetar la cuchara y el biberón, comer solo, con los dedos, ensuciándolo todo.
- Deseas darle de comer para estar segura de lo que ingirió, para acabar más rápido y que esté más limpio.

Es el niño quien tiene razón. Si sientes que quiere comer solo, es bueno animarlo a hacerlo. Si te niegas puede ser que comprometas su futura autonomía. Aun si come menos que si tratas de arrebatarle la cuchara, esa comida le será de mucho mayor provecho porque es acorde con su desarrollo. Entonces resulta algo muy educativo. Para no perder la paciencia, un niño que se entrena mucho será autónomo más pronto y más hábil. Intenta convencerte de que el resultado es una de las primeras formas de su creatividad.

Comer con los dedos

Llega el momento en que tu bebé quiere comer solo y te lo hace saber tomando la cuchara o el biberón con las manos. Esta etapa es importante para él. Cuidar su propio cuerpo, y por ende ser autónomo, es algo que empieza por saber alimentarse. Por supuesto, dejar que haga lo que quiera va a traer como consecuencia que ensucie toda la cocina. Pero este pequeño inconveniente se arregla fácilmente con un

Comer "solo"

Como a los siete meses y medio, tu bebé empieza a querer tomar solo las porciones de alimento. Unas semanas más tarde, generalmente toma pedacitos de alimento entre el pulgar y los dedos siguientes. Si la comida se resbala al interior de su mano no la podrá recuperar fácilmente. Para llevársela a la boca se limpia con la mano llena de comida. Cuando se cansa de este ejercicio agotador puede lanzar al piso el contenido de su plato. Ten paciencia. Es la única manera de desarrollar su gusto por la comida y de que pronto pueda ser autónomo y educado en la mesa. Aun si te sientes reacia, debes encauzarlo por la vía de la autonomía.

Dejar que tu niño coma solo y escoja la cantidad de comida que desea ingerir son los mejores recursos para evitar esos conflictos alimenticios tan frecuentes y a menudo tan difíciles de resolver cuando ya se han establecido.

Aprender a usar la cuchara

Algunos bebés aprenden muy rápido a comer con la cuchara. A otros, por el contrario, les cuesta mucho trabajo hacerlo. Maman la cuchara, la chupan, juegan sin cesar con ella o de plano rehúsan categóricamente comer sin biberón.

Esto es fácil de entender: un bebé acostumbrado a aspirar, a presionar con la lengua la comida que llega directamente a su boca, tiene que llevar a cabo, con la cuchara, todo un nuevo aprendizaje. El contacto de ese objeto frío y duro en su boca le es muy desagradable. A veces pienso que aprender a comer con palillos tampoco debe resultar muy fácil.

El bebé puede entonces tender a mamar la cuchara, a devolver la comida. Si se rehúsa totalmente, espera un poco, regresa al biberón y vuelve a intentarlo una semana después.

poco de organización y no es nada en comparación con las ventajas que esto representa para el niño.

El bebé quiere comer solo, pero todavía es muy torpe con la cuchara. Le gusta manipular las cosas, así que come con los dedos. Está en la edad en la que toma las cosas y se las lleva a la boca; es lo mismo que va a hacer con los alimentos. ¿Por qué no prever, junto a la papilla tradicional, una parte de la comida que pueda tomarse con los dedos? Este periodo no dura mucho. Si te muestras flexible ahora, evitarás otras tantas ocasiones de conflicto. Y el niño adquirirá rápidamente una habilidad que le permitirá usar correctamente la cuchara. Éstos son algunos alimentos que, cortados en pedacitos, reanimarán el apetito de tu hijo y desarrollarán su capacidad de tomarlos delicadamente con los dedos:

- Frutas y verduras. Todo lo que, crudo o cocido, pueda cortarse en pedazos fáciles de atrapar e ingerir: cuadritos de papa, coliflor, brócoli, chícharos, puntas de espárragos, zanahorias ralladas, sandía, melón, aguacate, pepino, maíz, piña, gajos de naranja pelada, etcétera.
- Tampoco olvides pedacitos de pescado, huevo duro, queso suave, galletitas, hojuelas de cereal, etcétera.

Diluir o espesar un puré

Con qué diluir un puré demasiado espeso:
- Para las verduras: agua, agua de la cocción, leche, jugo de tomate.
- Para la fruta: leche, agua de la cocción de las verduras, jugo de fruta, yogur.

Con qué espesarlo:
- Las verduras: harina de cereales, hojuelas de puré de papa.
- La fruta: queso suave.

¿Cómo administrar la vitamina D?

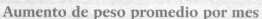

La vitamina D puede administrarse de dos maneras diferentes:

- ya sea a diario, en forma de gotas que se pueden agregar al jugo de fruta del bebé;
- o en forma de ampolleta que le darás al bebé una vez al mes, por trimestre o por semestre, según las indicaciones del médico.

Aumento de peso promedio por mes

- 0 a 3 meses: 900 gramos
- 3 a 6 meses: 750 gramos
- 6 a 9 meses: 600 gramos
- 9 a 12 meses: 450 gramos

La vitamina D

Llamada también vitamina antirraquitismo, la vitamina D es indispensable para el organismo del lactante. Lo ayuda a hacerle frente a su rápido crecimiento durante los primeros meses y los primeros años de su vida.

El cuerpo humano tiene la facultad de fabricar solo esta vitamina, a condición de que se exponga al sol. Sin embargo, rara vez ocurre en el caso de los recién nacidos; primero porque los baños de sol no son aconsejables para ellos, y segundo ¡porque no todos viven cerca del mar! De todos modos, es necesario completar su alimentación con un suplemento de vitamina D, tanto en el verano como en el invierno. Ahora bien, sucede que la vitamina D es la única que el bebé necesita y que no se encuentra en los alimentos lácteos dietéticos (leches para bebé). Por tal razón, debes dársela a tu bebé a partir del segundo mes y durante dos o tres años.

El aumento de peso

Es inútil pesar a tu bebé todos los días; si come normalmente, engordará poco a poco como todos los bebés. El aumento de peso no tiene ningún sentido de un día para otro porque depende de la hora en que pesas al niño, de su apetito, etcétera.

Por el contrario, debe establecerse de manera regular semana tras semana y después mes tras mes. El aumento de peso promedio de un bebé a lo largo de su primer año es impresionante; en doce meses, por lo general, ¡habrá triplicado su peso de nacimiento!

Las comidas del bebé mes con mes

Éstos son algunos ejemplos de menús que debes modular según el peso de tu bebé, el número de comidas, su apetito y los consejos de tu pediatra.

Del nacimiento a los 2 meses

Cada niño tiene su propio ritmo. Al fin y al cabo tu bebé es quien te indica el número de comidas que necesita. Él mismo se irá regularizando paulatinamente. Hay una regla indicativa que permite saber cuánta comida debe ingerir el bebé cada día y cuándo disminuir el número de biberones. Esta regla es la siguiente:

- Cuando el bebé pesa 4 kg, toma 5 comidas.
- Cuando el bebé pesa 5 kg, toma 4 comidas.

¡Atención!

Esto sólo es una información indicativa y debe modularse dependiendo del niño. A las nueve semanas la mayoría de los bebés se despiertan todavía como a las cinco o seis de la mañana con mucha hambre. Esto obliga a darle el primer biberón a esa hora y darle entonces cinco comidas al día. Si no, los espacios entre los biberones serían demasiado largos como para que el bebé pudiera esperar.

Cuando tu bebé se despierta muy tarde en la mañana, hacia las siete o las ocho, es tiempo de pasar a cuatro comidas, con un espacio de alrededor de cuatro horas entre una y otra. Otros bebés suelen todavía despertarse durante la noche para pedir de comer y un biberón de agua no los satisface; es normal darles un biberón de noche mientras lo necesiten.

Cinco biberones de 5 oz (150 ml) o cuatro biberones de 6 oz (180 ml)

- Mañana: biberón de leche: 5½ oz de agua y 5 medidas de leche en polvo y una cucharadita de harina con diastasa.

- Mediodía: biberón de leche con caldo, luego con sopa de verduras.
- Refrigerio: biberón de leche con papilla de frutas cocidas.
- Cena: biberón de leche con harina (1 a 2 cucharaditas).

¿Qué come a los cuatro meses?

Aquí tienes un ejemplo de cómo puedes elaborar los menús de tu bebé a los cuatro meses, pero esto puede variar mucho de un niño a otro, según su peso y su apetito, y también de un día para otro.
- Mañana: biberón de leche de 8 oz (210 ml) de agua, 7 medidas de leche y 1 o 2 cucharaditas de harina.
- Mediodía: 120 g de puré de verduras diluido en la leche. Al gusto: zanahorias, papas, chícharos, habas, calabaza, espinaca, etcétera.
  30 g de pescado magro picado (merluza, salmón, trucha, etc.) o jamón magro o una yema de huevo.
- Postre: a escoger, papilla de frutas, quesito batido, yogur, fruta madura machacada, etcétera.
- Refrigerio: biberón de 7 oz (210 ml) de agua y 7 medidas de leche en polvo.
- Cena: biberón de leche (7 oz) con harina. Alternado con biberón de leche y sopa de verduras.

De los 5 a los 6 meses

Ahora que tu bebé ya está acostumbrado a su sopa de verduras de mediodía y quizá también de la cena, puedes diversificar más su alimentación.

Todavía hay cosas prohibidas

Lo que no debes darle a tu niño son frituras, carnes y pescados ahumados, mariscos, fruta seca o fruta con semillas (o quítaselas) y, de manera general, los alimentos demasiado condimentados, muy grasosos o muy azucarados. Por último, no lo alimentes sólo con comida envasada en frasquitos (contienen muchas féculas y no suficiente carne o pescado).

Lo esencial es hacerlo siempre progresivamente, con el fin de no introducir en la alimentación más que un alimento nuevo a la vez. Este mes puedes darle a probar la yema de huevo (la mitad), la carne y el pescado (picado muy fino, el equivalente de una cucharada).

Puedes variar a tu antojo las carnes y el pescado, pero elige de preferencia la carne magra. Para los postres y el refrigerio también puedes ofrecerle novedades a tu bebé: quesito batido, yogur natural, fruta en papilla y machacada, papilla de frutas.

Éste es un ejemplo de régimen de un bebé de más o menos seis meses (se puede modular según el niño, su peso y los consejos del pediatra).
- Mañana: papilla hecha con un biberón de leche (siete medidas de leche de la segunda infancia en 210 ml de agua) y dos a tres cucharadas de harina.
- Mediodía: puré de verduras, con queso rallado encima:
  ½ papa y una cucharada de chícharos, todo licuado y diluido con un poco de leche.
  30 g de pescado picado o de carne magra o de jamón blanco o de yema de huevo duro.
- Postre: yogur, quesito batido, queso blanco.
- Refrigerio: papilla de fruta con una galleta. Biberón de leche (180 a 200 ml).
- Cena: biberón de sopa de verduras diluida en leche (alrededor de 160 ml de leche y 50 g de puré de verduras licuado).

A los 8 meses

Éstos son ejemplos de menús para las comidas de un niño de ocho meses.
- Mañana: un biberón lleno de leche de la segunda infancia y harina (hay muchas variedades) o galletas.

O bien una papilla espesa con cuchara (según lo que prefiera el niño).

- Almuerzo: puré de verduras con un trocito de mantequilla. 30 g de carne o pescado o jamón picado. Comenzar con el huevo duro o las verduras crudas.
- Postre.
- Refrigerio: biberón de leche (200 ml) con una galleta o lácteo o fruta con una galleta.
- Cena: sopa de verduras en el biberón de leche, y papilla o fruta fresca machacada o puré de verduras y lácteo.

De los 9 a los 10 meses

A partir de ahora tu bebé ya no come alimentos totalmente molidos y mezclados en sopas de verduras. Los menús del bebé son similares a los que comía a los ocho meses, de no ser porque:

Hacia el final del primer año

Abandonará la leche materna en polvo y la sustituirás, en dos o tres días, por leche pasteurizada y semidescremada. El biberón de la mañana debe contener alrededor de 250 ml de leche con harina. Ya no es necesario esterilizar los biberones, siempre y cuando los laves bien con agua muy caliente.

Al niño le empiezan a gustar los purés hechos con una sola verdura como espinacas, ejotes, coliflor, chícharos, zanahoria.

La cantidad de carne y de pescado aumenta a treinta gramos por día más o menos, y hay más variedad. Finalmente, tu bebé acompaña sus refrigerios con una galleta o un pedazo de pan que comerá muy bien solo.

- de acuerdo con el apetito del niño las cantidades aumentan progresivamente;
- el bebé come de manera habitual verduras crudas y purés de verdura hechos con una sola verdura (y no siempre mezclados con una papa), pasta, arroz, etcétera;
- come un huevo entero y, por lo general, amplía su régimen a la totalidad de la cocina familiar. Él "prueba" de todo (sesos, hígado de pollo, avena, flan, etcétera).

Sus menús evolucionan poco hasta la edad de un año. Ahora debes tener muy en cuenta sus gustos e introducir progresivamente alimentos nuevos. Con el transcurso de los meses, tomará menos biberones y comerá más, ya sea con los dedos o con una cuchara.

El llanto del bebé

El llanto es un lenguaje que los padres aprenden a descifrar para responder mejor al bebé. ¿Y si el bebé estuviera enfermo?

Los sollozos y el llanto conforman el primer y más eficaz medio de comunicación de que dispone un bebé. Como signos de angustia, tienen el propósito de hacer que venga el adulto, quien hará lo posible para restablecer el estado de bienestar. Pero el llanto de los más pequeños también es una expresión fisiológica normal de la que todavía no se conoce el significado exacto.

Algunos bebés pueden llorar cuatro o cinco veces al día durante veinte o treinta minutos, otros concentran su llanto al final del día o por la noche, pero durante un periodo de dos o tres horas.

Los bebés difieren mucho en su temperamento. A algunos les encanta que los estimulen, que haya gente a su alrededor, que los distraigan, mientras que otros necesitan mucha calma y no toleran mucho la estimulación. Algunos son más fáciles de calmar que otros, que necesitan vaciar sus tensiones internas durante un buen rato antes de que logren dormirse.

Qué hacer ante un episodio de llanto

Tu bebé es único, tiene su carácter y necesidades propias. Sólo observándolo sabrás cuál es su ritmo de llanto, y lo que le gusta en ese caso, la mejor manera de calmarlo. Pero sobre todo no creas que eres una madre incompetente si no logras calmar rápidamente a tu bebé.

Todos los bebés lloran y parece que cierta dosis de llanto es inevitable, incluso indispensable. Cada etapa de desarrollo va acompañada de conflictos internos y de un periodo en el que el niño está irritable. Se ha observado incluso que los bebés más despiertos y vigorosos son también los que lloran más... ¡antes de convertirse en pequeñines encantadores!

Entender su llanto

Será hasta las seis o siete semanas cuando el bebé empiece a organizarse. Entiende mejor su entorno, ya se acostumbró a los ritmos y a sus padres, llora con menos frecuencia y puedes diferenciar su llanto. Entonces es más fácil entender las razones de sus crisis. Pero aparecen otros tipos de llanto que no existían cuando el niño era recién nacido.

Llora por aburrimiento, por soledad

En el curso de esos meses de intenso aprendizaje, cuando está despierto, tu bebé necesita descubrir y aprender cosas nuevas. Llora si lo dejas solo en la cama, porque no hay mucho que hacer allí. Proporciónale "material" (juguetes y objetos diversos) que le permita ejercitarse. Pero el niño también necesita compañía. Más que permanecer solo en su cuarto mientras te dedicas a tus ocupaciones en el resto de la casa, le agradará mucho acompañarte, sentado en su silla plegable o boca abajo, de cuarto en cuarto, mientras aseas, limpias el baño o preparas la comida. Le gusta verte desplazándote. Le gusta oír tu voz mientras le cuentas lo que haces.

Llora de enojo y frustración

Son los dos sentimientos que puede tener tu niño cuando se siente impedido para hacer lo que quiere. Psicológica e intelectualmente, sus capacidades son mayores cada día. Poco a poco va a tener ganas de tocar todo, deseos de descubrir el mundo. Pero dos fuerzas se oponen ahí:

- Su impotencia, su incapacidad de hacer lo que le gustaría hacer, simplemente porque todavía es muy pequeño y sus deseos se anticipan a su desarrollo físico; eso le produce enojo.
- Rechazos y prohibiciones; cuando lo alejas de las tomas de corriente, del florero o de todo aquello que representa un peligro para él o para el objeto. Esa frustración de su arrebato también puede provocar su llanto.

Guardar la calma

A veces es difícil, pero muy eficiente. Un bebé percibe las tensiones en el ambiente y responde a ellas gritando cada vez más fuerte. Hay que dejarlo que llore durante algunos minutos, después tomarlo dulcemente en tus brazos, ofrecerle un biberón con un poco de agua, después pegarlo contra tu corazón, cuyas palpitaciones lo confortan y a veces es un buen método para calmarlo. Siempre es mejor dejar a alguien que lo calme (o dejarlo llorar) en vez de exasperarse.

Encontrar la razón del llanto

Es más fácil entender el llanto de un bebé que duerme por las noches completas y que tiene un ritmo de vida regular. Puede llorar porque tiene hambre (aunque todavía no sea la hora de comer), sed, porque está incómodo, adolorido, fatigado, etc. Así, con lo pequeño que es, puede llorar porque está muy nervioso. Ya más grande, llora para atraer la compañía de alguien. A cualquier edad, para que lo tomen en brazos, no es un llanto "por nada" o por capricho. Además, cuando es muy pequeño, los caprichos no existen, solamente la incomodidad o la necesidad de amor.

Llora por miedo

Ahora tu niño es capaz de anticipar, y anticipadamente puede llorar de miedo, por ejemplo al reconocer al médico que le puso una vacuna el mes anterior. No lo regañes; es una prueba de su buena memoria e inteligencia. Pero también puede desarrollar un miedo a las personas desconocidas y refugiarse contigo en las situaciones poco comunes. En ese caso no seas brusca con él, atraviesa por una nueva fase, sus angustias son reales y necesita que lo tranquilices. Tómalo en tus brazos, lleva su objeto favorito cuando salgan y respeta sus miedos; así adquirirá confianza en sí mismo.

Llora por hambre

El llanto empieza tenue pero, si no respondes, rápidamente se torna en una rabieta. Es la causa más frecuente de la crisis de llanto. Es bueno saber que el hambre es un verdadero dolor para el pequeño.

¿Qué hacer? Darle de comer, naturalmente. ¿Por qué dejarlo llorar de hambre si no existe otra razón más que el cumplimiento de un horario estricto? Cada bebé tiene su ritmo, y te corresponde descubrirlo.

Llora por sed

Es una causa en la que no solemos pensar. Sin embargo, es frecuente que un bebé muy cubierto llore porque está incómodo y tiene sed. De igual manera, el calor y la resequedad del aire en los apartamentos

Intenta calmar a tu bebé

Aunque no hayas encontrado la razón por la que tu bebé llora, siempre se puede mostrar un poco de compasión hacia él. Unos mimos, su chupón, una canción dulce, un pequeño masaje, una bolsa de agua caliente, el portabebé, un momento de soledad... a cada padre le corresponde encontrar algo que calme a su bebé. De manera general, el bebé llora para manifestar sus molestias. Para él, igual que para nosotros, la vida es a veces incómoda y frustrante. Como no puede comprender lo que le pasa, ni compensar por sí mismo las carencias, llora.

El llanto de la noche

¿Tu bebé llora en la noche después de comer? Envuélvelo en tu bata o en tu pijama y mécelo un poco antes de volver a meterlo en su cama, sin desenvolverlo.

modernos a menudo le provocan al bebé una sed que debemos remediar como lo que es, dándole un biberón con agua y no con leche.

Llora por cansancio

Tu bebé pasó un largo rato despierto, encantador. Después vino la fatiga y empezó a lloriquear un poco. Puede que se quede dormido. Pero también puede ocurrir que su exasperación aumente, en prolongados sollozos, y que tengas la impresión de que nunca se va a dormir.

¿Qué hacer? Puedes probar mecer al bebé, pasearlo en una bolsa canguro o cantarle una canción de cuna. Un bebé se siente bien si está en estrecho contacto corporal con su madre. Pero también puedes acostarlo en una habitación tranquila y ofrecerle la posibilidad de eliminar tranquilamente la tensión que lo aqueja, sin que te angusties.

Llora por incomodidad, por malestar

Este tipo de llanto es corto pero repetido, persistente. Trata de entender de dónde viene el malestar para remediarlo: el pañal sucio, un eritema en la región glútea, frío o calor, posición incómoda, está desnudo, etc. A cada problema, su solución. Un ejemplo: ¿tu bebé no soporta estar desnudo? Envuélvelo en una toalla bien caliente cuando vayas a desvestirlo completamente.

Llora de dolor

Su llanto suele ser agudo, estridente, difícil de soportar. Pero a esta edad el niño a menudo no sabe to-

davía ponerse la mano donde le duele, por ello es muy difícil entender de dónde viene el problema.

¿Qué hacer? Toma al bebé en brazos para que no sufra solo. Intenta entender lo que le duele y remediarlo. Si parece que está enfermo, llama al médico.

El bebé está enfermo

En algunos casos lo que hace llorar al bebé es la fiebre o el dolor. Está enfermo.

Tiene fiebre

A los niños pequeños les puede subir la temperatura considerablemente. Un bebé muy arropado o expuesto de repente a un fuerte calor (en un coche estacionado bajo el sol, por ejemplo) no puede regular rápidamente su temperatura interna y corre el riesgo de sufrir el clásico bochorno que se traduce,

entre otras cosas, en una temperatura corporal muy alta.

Poner la mano en su frente no es un buen indicador de la temperatura; cuanto más frías tengas las manos, más caliente te parecerá la frente del bebé. Si tienes dudas, si te parece que el niño tiene fiebre, sólo el termómetro lo confirmará. El termómetro frontal de cristales líquidos es un buen indicador, pero el termómetro anal tradicional es el más confiable. Si la fiebre rebasa los 38 °C y tiene otros síntomas (tos, diarrea, llanto de dolor, etc.), es mejor que vayas al médico. Él puede determinar las causas de la temperatura alta y decirte cómo tratarla. En efecto, la fiebre no es signo de enfermedad en sí misma, pero es un signo asociado con algún padecimiento que conviene diagnosticar.

¿Cómo hacer que baje la fiebre?

Existen varios recursos sencillos, totalmente eficaces, que eximen del uso de medicamentos que pueden ocultar los síntomas, si todavía no se ha hecho un diagnóstico.

• Destapa al niño. Quítale la camiseta y los cobertores. Sólo déjale puesta una camisetita de algodón.
• Dirige hacia él un ventilador a velocidad baja.
• Envuélvelo en un lienzo fino (una sábana) empapado de agua fría, no lo seques.
• Déjalo unos veinte minutos en un baño con el agua a una temperatura de 2 °C por debajo de la de su cuerpo.

¿Puede estar llorando el bebé "por nada"?

No hay nada qué hacer. El bebé ya comió, está limpio, no parece que le duela nada, ya durmió y, sin embargo, llora. Puede calmarse en tus brazos y volver a llorar en cuanto lo acuestes. O bien, parecer inconsolable.

El hecho de que no encuentres la causa de su llanto no significa que el bebé esté llorando "por nada". Seguramente hay una razón, pero puede ser difícil encontrarla:
• ¿No satisfizo su necesidad de mamar?
• ¿Respondió a destiempo a tus llamados?
• ¿Necesita el contacto e intercambio de comunicación que no quedó satisfecho?

¿Qué hacer? Aunque no sepas la causa de su malestar, sé comprensiva. Explícale que estás con él, a su lado, y que lamentas no poder aliviarlo. Mécelo, háblale tiernamente, déjalo solo un momento, regresa a verlo. Un día de lágrimas puede simplemente marcar el paso a una nueva etapa de desarrollo. Mantente presente, calmada, tranquila, acompáñalo y todo saldrá bien.

Una idea

Si tu bebé protesta cuando introduces el termómetro, unta un poco de vaselina en la punta, lo cual facilita la entrada. También puedes pedir a tu médico que te enseñe a medir la temperatura debajo del brazo o en la boca, como lo hacen en los países anglosajones, lo que parece ser menos desagradable para los niños.

¿Qué hacer mientras esperas al médico?

Si la fiebre es poca (inferior a los 38.5 °C) y la tolera bien el niño, lo mejor es no hacer nada. Tomarle la temperatura cada tres o cuatro horas permite controlar la evolución de la situación. Si la fiebre es más alta, es preferible bajarla para mantenerla a un nivel razonable. En efecto, existe el riesgo de convulsiones febriles, sobre todo en un bebé que ya las ha tenido, lo que no hay que pasar por alto. Hay que darle de beber al niño con frecuencia.

El desarrollo físico

Sentarse, después ponerse de pie. Gatear, después caminar con toda seguridad. Usar su chupete o su pulgar.

A lo largo del primer año los padres generalmente quedan sorprendidos por la rapidez con que se desarrolla su bebé. No pasa una semana sin que haya un progreso, sin que adquiera una nueva capacidad. A medida que el sistema nervioso del bebé va madurando, mejora su coordinación y el control muscular es más preciso. El niño aprende a sostener la cabeza erguida, después a sostenerse sentado, a arrastrarse y finalmente a caminar. Paralelamente, controla mejor los movimientos de las manos; sus ademanes se tornan más habilidosos y finos.

Todos los niños son diferentes. Unos desarrollan ciertas aptitudes más pronto, otros más tarde, sin que esto tenga algún significado en cuanto a sus capacidades ulteriores. Al cabo de unos años todos los niños logran ponerse al día, los que empezaron a caminar temprano y los que empezaron a hablar tarde, los que supieron gatear pronto y los que nunca lo hicieron.

Es pues inútil comparar a tu bebé con el del vecino o incitarlo a apresurarse. Él tiene su propio ritmo, necesita que te sientas orgullosa y lo estimules.

Puntos de referencia

Los aumentos de talla y peso son proporcionalmente considerables a lo largo del primer año. Mientras tu bebé esté feliz, tenga buena salud, sea activo y muestre un apetito normal, es inútil que tengas la mirada puesta en la cinta de medir o en la báscula.

Las gráficas en el expediente médico se hacen para un niño "promedio" que no existe. Sólo tu médico está en condiciones de interpretar, cada mes, esas curvas de crecimiento del bebé.

Así como las diferentes etapas de desarrollo se van adquiriendo en el mismo orden, éstas no se dan en el mismo momento o con la misma velocidad en todos los niños. A menudo, un gran progreso va seguido de un periodo de estabilidad. De todas las nuevas adquisiciones, al estar éstas bajo el control del sistema nervioso, ninguna puede ser efectiva antes de que el cerebro del bebé esté listo.

Notarás que el desarrollo siempre va de la cabeza a los pies. El bebé empieza a controlar el sostén de la cabeza, después los brazos, el tronco, y finalmente las piernas.

Cómo ayudar al bebé

El propósito de los siguientes consejos es brindarte elementos necesarios para acompañar a tu bebé en estas adquisiciones. Si le facilitas las cosas en el plano material y lo estimulas en su desarrollo, él se sentirá apoyado y seguro para seguir adelante.

• Aunque no se sostenga solo sentado, el bebé está muy contento en esta posición, que le libera las manos y le permite ver a su alrededor. Así que ¡enhorabuena por las sillas plegables, las sillas altas y los cojines grandes que le sostienen la espalda!

• Sentarse a dos pasos del bebé, sosteniendo su juguete favorito, lo estimula para desplazarse y que vaya hacia ti. Cuidado, algunos bebés nunca gatean, están en su derecho.

• No corras a ayudar al bebé a menos que sientas que está en dificultades y muy frustrado por lo que no puede hacer. Si no es el caso, anímalo más con la voz. Dale confianza para que desarrolle sus propios recursos y felicítalo calurosamente por sus esfuerzos.

• Los suelos resbalosos, peligrosos cuando el niño se pueda poner de pie, son de gran ayuda cuando comienza a arrastrarse, y puede desplazarse fácilmente, sin mucho esfuerzo.

• Cuando tu bebé se sostenga de pie, estará más cómodo con los pies descalzos para sentir el suelo y no resbalar. Si hace frío escoge unos botines con suela suave.

• A partir del séptimo u octavo mes, cuando el bebé empieza a moverse y a querer pararse, escoge ropa que no le moleste en sus movimientos y exploraciones. Por ejemplo, olvida los vestidos hasta que tu niña camine, y para la noche cambia el bolso de dormir (o portabebé) por un mameluco o edredón.

Garantizar la seguridad

Mientras el bebé permanezca en el lugar donde lo dejes, los riesgos son pocos. Pero a partir de que empiece a moverse y quiera explorar su entorno, hay que tomar una serie de precauciones.

• No te dejes sorprender por los progresos de tu bebé. Con frecuencia se dan de un momento a otro y sin que te lo esperes, y traen consigo riesgos en un ambiente que no está adaptado. Lo mejor es anticipar las capacidades de tu bebé y prever lo que será capaz de hacer próximamente.

• Hacia los cinco meses, el bebé sabe volverse de lado. A partir de ese momento nunca hay que dejarlo sobre una superficie elevada, como una mesa de cambio, por ejemplo, sin sostenerlo con una mano. Sólo puedes dejarlo algunos minutos en el suelo, cuando hayas quitado todos los objetos peligrosos, y en su cama con barandal o en el corral, es decir, en lugares perfectamente seguros.

Si la cama no tiene barandal y el bebé puede salir libremente de ella, encuentra la manera de acondicionar la habitación de tal forma que esté absolutamente libre de cualquier peligro (tomas de corriente con seguros, muebles estables, sin esquinas ni objetos puntiagudos, etc.). De este modo podrá pasearse libremente.

Muy pronto vas a tener que revisar toda la casa y hacerla perfectamente segura. Piensa cómo proteger de la curiosidad de tu bebé los objetos que aprecias, y cómo protegerlo de los objetos peligrosos en casa. Desaparece las plantas, coloca los productos tóxicos en alto, revisa la instalación eléctrica, no dejes ningún cable en el suelo, retira los objetos frágiles y los ceniceros en las mesas de centro, etcétera.

Cuando tu bebé empiece a sentarse solo, pero sin estabilidad, rodéalo siempre con cojines grandes que eviten que se golpee la cabeza si pierde el equilibrio.

El mobiliario del niño (la silla alta, la silla con ruedas) debe ser sólido y pesado para que no pueda desequilibrarse cuando se incline o se aferre a ellos.

En las tiendas especializadas encontrarás muchos objetos útiles: esquineros redondeados para mesa, bloqueadores de puerta, picaportes para armarios, barreras para escaleras, etc. Observa todo el interior de manera muy atenta; si hay alguna travesura que hacer seguramente la hará. Parte del principio de que nada escapará a la curiosidad del bebé y que ya no puedes descuidar nada.

Desde el momento en que el bebé gatea, lleva a su boca todo lo que encuentra en su camino. Pon atención en los objetos pequeños que pudieran ahogarlo y en la limpieza del suelo.

Evita gritar "¡cuidado, te vas a caer!" cada vez que el bebé intente levantarse o caminar a pesar de su inestabilidad. Dale confianza.

Logra mantenerse de pie

Desde los cinco meses, el bebé suele levantarse apoyándose en sus piernas. Uno se da cuenta de que le agrada que lo pongan de pie, aun cuando todavía no es capaz de sentarse.

Alrededor de los seis meses puede ponerse de pie, con las piernas rectas y firmes si lo sostienen bien de las axilas. Luego va adquiriendo seguridad.

Cuando está sentado o acostado y le tiendes las manos, se aferra a ellas con firmeza y así pasa directamente a la posición de pie. Poco a poco aprende a mantenerse erguido sin estar sostenido más que de las manos.

De 1 a 5 meses

Atención: las edades aquí presentadas sólo constituyen promedios.

Al mes, estando boca abajo, el bebé libera el área de la nariz para respirar levantando un poco la cabeza. Sus miembros todavía están flexionados, pero ya perdió el aspecto típico de recién nacido.

A los dos meses el bebé empieza a estirarse. Boca abajo levanta la cabeza apoyándose sobre los brazos para mantenerla así por unos breves momentos. Gesticula mucho.

A los tres meses, si acuestas a tu bebé cuan largo es sobre su espalda y lo levantas jalándolo de las manos, es capaz de sostener su cabeza en el mismo eje del cuerpo. Boca abajo se estira por completo y se mantiene largo rato apoyado en los antebrazos.

A los cuatro meses, estirado boca abajo, apoyado en los antebrazos, a veces extendidos, es todavía mejor. También puede despegar ambas piernas del suelo. Por último, ten cuidado, a veces el bebé es capaz de rodarse y cambiar de posición de boca arriba a boca abajo y viceversa en fracciones de segundo.

A los cinco meses el bebé se rueda sobre sí mismo. Su cabeza está bien estable. Si lo tienes sentado, la parte posterior de su espalda y su cabeza están derechas. Acostado levanta el torso.

De los 6 meses a un año

•A los seis meses el bebé generalmente se mantiene sentado sin apoyo durante algunos segundos, después se apoya en las manos pero no tiene estabilidad. Gira su torso en todas direcciones.

•A los siete meses el bebé se mantiene sentado un poco mejor y sabe equilibrarse al agacharse. Con apoyo en la espalda, se queda estable durante mucho tiempo. Algunos bebés empiezan a desplazarse en el suelo reptando.

•A los ocho meses el bebé se mantiene sentado totalmente sin ningún apoyo y puede girar sobre sí mismo. Pero, si cae, no es capaz de levantarse. El bebé se desplaza por el suelo hacia delante o hacia atrás.

•A los nueve meses, si está sentado, su posición es estable. Algunos niños intentan, por un fuerte deseo de desplazar-se, usar las cuatro extremidades. Al bebé le gusta que lo sostengan de pie y permanecer así firmemente sostenido con sus piernas.

•A los diez meses el bebé se queda parado solo con un buen apoyo. Volver a sentarse es lo que le causa problemas. Algunos bebés, en lugar de andar a gatas, optan por desplazarse con brazos y piernas estiradas.

•A los once meses el bebé prefiere estar de pie. Generalmente puede caminar si lo sostienen de las manos. Algunos niños tienen ganas de soltarse, otros de esperar un poco. Pero todos quieren desplazarse. Sentado, el niño ya se queda totalmente estable.

Es evidente que algunos adoran esto: muestran júbilo, saltan, doblan y estiran las piernas, y a veces lloran cuando uno los quiere sentar.

Pero no todos son así. Algunos bebés, más tranquilos, menos "físicos", esperarán todavía tres o cuatro meses antes de querer ponerse de pie, sin que eso traiga consecuencias en la naturaleza de su desarrollo. En efecto, si todos los niños no caminan a la misma edad, las etapas que siguen para lograrlo generalmente son las mismas.

Se pone de pie

Muchos bebés, entre los más activos físicamente, pronto empiezan a ponerse de pie solos. Acostumbrados a asirse de las manos de mamá para levantarse sobre las piernas, continúan aferrándose a todo lo que encuentran. Si la posición de pie es la preferida de tu hijo, vas a pasar una parte importante de su tiempo intentándolo.

En esta etapa el niño trata de levantarse usando todo aquello que pueda servirle de apoyo (a veces se cae y voltea las sillas o las mesas de centro). Se aferra a todo lo que puede, pero poco a poco aprende a escoger los mejores lugares de dónde asirse, los más adecuados.

La ayuda más segura para el niño la constituyen las barras del clásico corral cuadrado en el que hasta entonces jugaba sentado. El bebé se detiene de las barras para ponerse de pie, después aprende poco a poco a desplazarse de lado, dándole la vuelta al corral así, de pie. A partir de ese momento ya no tardará mucho en caminar.

Una vez de pie, muestra júbilo e intenta la fase siguiente, soltar una mano, soltar la otra. Después soltar las dos apoyándose en el vientre.

La "deambulación"

"Deambulación" es un término utilizado para describir la etapa en la que el niño se desplaza de pie, lateralmente, deteniéndose de los muebles y pasando de apoyo en apoyo. Muy rápido el niño puede deslizarse a lo largo de un mueble, un sofá por ejemplo, apoyándose sólo en el vientre.

Estar sentado

Las edades aquí proporcionadas sólo son indicativas ya que el bebé promedio no existe y las diferencias de un niño a otro pueden ser grandes. Tampoco te preocupes si tu niño no se apega al calendario con precisión ya que habrá aprendido otra cosa en el intervalo.

- **20 semanas:** el bebé sentado mantiene la espalda recta. A veces se cae de lado o de frente y no puede reincorporarse. Se sostiene apoyándose en las manos. Se sostiene bien si tiene cojines y un respaldo.
- **28 semanas:** el niño se mantiene sentado solo, pero utiliza las manos para estabilizarse.
- **32 semanas:** el niño se sienta en el suelo, puede mantenerse derecho sin apoyarse en las manos.
- **36 semanas:** el niño se sostiene solo sentado, sin apoyo, durante unos diez minutos. Si se cae, puede levantarse.
- **40 semanas:** el niño se sienta solo en el suelo.

Los niños pequeños que ya están en esta etapa, por lo general pueden iniciar una primera marcha detenidos con ambas manos. Pero todavía tendrán que esperar varias semanas antes de que se atrevan a soltar una mano y después la otra.

Las diferencias entre los niños son importantes. Quizá el tuyo logre, al ponerse de pie, liberar una mano o las dos para tomar un objeto apoyándose sobre el vientre. Otros también son capaces de ponerse de pie a mitad del cuarto sin necesidad de apoyo para levantarse.

Seguro es que casi todos los bebés de esta edad encuentran que la posición de pie es realmente la única interesante. Si es el caso del tuyo, tendrás que cambiarlo, vestirlo y a veces alimentarlo de pie para que se quede tranquilo.

Los primeros pasos

Como todos los niños, tu hijo caminará solo entre los diez y los dieciocho meses. Eso depende de su madurez muscular y neurológica, de su peso, su temperamento y del tiempo que pase ejercitándose.

No hay por qué alarmarse en el caso del niño que tarda un poco en empezar a caminar. De ningún modo es perezoso. Quizá es tan hábil para gatear que no ve para qué cambiar, y sólo espera su momento.

Si tu hijo pasa de pie de un mueble a otro; si es capaz de levantarse solo en medio de un cuarto, entonces pronto llegará la hora. Puedes ayudarlo a arrastrarse con un banquillo o una silla ligera; caminará empujándolos delante de él y deslizándolos por el suelo. Pero es mejor todavía que, en cuanto puedas, lo hagas caminar sosteniéndolo por ambas manos, después por una sola.

Algunos temores

Muchos bebés tienen miedo al momento de soltar el último dedo que asegura su equilibrio. Es por eso que nunca hay que apresurarlos o presionarlos; se soltarán a su hora, cuando su paso haya adquirido cierta estabilidad.

Algo es seguro: para que un bebé se suelte y dé sus primeros pasos solo, debe tener ganas de ir hacia algo o de complacer a alguien. Si sientes que tu bebé está listo, mantente a uno o dos pasos de él. Después extiende los brazos, él se precipitará hacia ellos. Sus primeros pasos se dan muy frecuentemente casi al azar, abandona los brazos de papá para dar un paso y dejarse caer con todo su cuerpo en los brazos de mamá, y recíprocamente.

Un poco de paciencia

¡Cuidado! Tómalo con paciencia y tranquilidad. No es bueno para tu niño sentir que esperas impacientemente que él atraviese una etapa si no se siente maduro como para hacerlo. Por el contrario, si él percibe tu ansiedad y que te precipitas hacia él cada vez que está a punto de caer sentado, le estarás dando la idea de que caminar es un asunto muy arriesgado.

Cuidado

No porque el niño sepa ponerse de pie, sabe también volverse a sentar. Frecuentemente se queda de pie mucho tiempo y acaba por cansarse y llorar. Es el momento de enseñarle a tu bebé cómo sentarse lentamente doblando las rodillas, si no, tenderá a dejarse caer bruscamente y sumar golpes y experiencias desagradables.

La habilidad manual (recapitulación)

• **Nacimiento:** las manos del bebé están cerradas. Pueden tomar un objeto si éste le roza la palma (reflejo de agarre), pero el niño no controla este reflejo de tomar las cosas y las soltará involuntariamente. Este reflejo es muy estimulante.

• **2 meses:** las manos del bebé se abren. Si una cosa atrae al bebé, estira entonces un poco la mano en esa dirección, pero su cuerpo es más bien el que se excita.

• **3 meses:** el reflejo de agarre ya desapareció. El bebé puede sostener una sonaja pero todavía no es capaz de tomarla sin ayuda.

• **4 meses:** el bebé tiende con decisión la mano hacia su objetivo, pero el puño todavía es un poco torpe. Se puede observar el inicio de la coordinación entre ambas manos.

• **6 meses:** el bebé dirige mejor sus movimientos y ahora puede atrapar voluntariamente un objeto que localizó. Sabe llevarse cosas a la boca, pasarse algo de una mano a la otra y golpear alguna superficie para hacer ruido.

• **8 meses:** el pulgar se opone a los otros dedos, lo que le permite tomar las cosas con más precisión así como ademanes minuciosos. La mano sirve también para lanzar o para rechazar lo que el niño no quiere.

• **10 meses:** el dedo índice se vuelve predominante y el niño lo usa para señalar. La habilidad manual se desarrolla en todas direcciones: girar, hacer girar, tirar, etcétera.

• **12 meses:** la manipulación se vuelve más fina y más segura. El bebé es capaz de imitar ademanes simples y hacer una pila con dos o tres cubos.

No camina "derecho"

¿Debe una inquietarse si un bebé tiende a caminar con los pies hacia adentro, si tiene los pies planos o si camina en la punta de los pies?

Todas esas tendencias no tienen importancia y están presentes en casi todos los niños. En unos meses, los pies adquieren músculo y esos pequeños problemas desaparecen. No obstante, si te parecen preocupantes, no dudes en consultarlo con un ortopedista.

Por último, lo único que hay que hacer es jugar con él y dejarlo experimentar solo el resto del tiempo. Va a titubear, progresar o a veces retroceder después de una mala experiencia. Pero un día, seguramente, se lanzará.

Ese día no todo estará ganado. Durante un buen tiempo el niño seguirá gateando para desplazarse eficazmente con toda seguridad. Como a menudo empieza a caminar sin saber cómo parar, escoge dejarse caer sobre el trasero. Pero finalmente, semana tras semana, adquirirá estabilidad y confianza.

Descubrimientos e inquietudes

Los inicios de la caminada marcan un viraje importante en el desarrollo del niño. Por un lado, se siente grande y fuerte. Caminar significa poder ir de pie a descubrir el entorno. El horizonte se amplía: es el inicio de nuevas experiencias.

Explorar la verticalidad no es un asunto cualquiera. Requiere tiempo, audacia y mucha energía. Por otro lado, el bebé se siente todavía muy pequeño frente a un mundo tan vasto. Se excita, le gustaría descubrir todo, pero se cae o se golpea. La conciencia de sus propios límites a veces lo hace llorar de frustración. Quiere decidir solo e intenta mantener el control de la situación, pero aventurarse así da mucho temor. A menudo le parece bien refugiarse junto a mamá, esconderse entre sus faldas o resguardarse en sus brazos, como cuando era un bebé que no caminaba.

Esa mezcla de deseos e inquietudes, de descubrimientos y frustraciones suele manifestarse con dificultades para dormir por la noche. El niño se despierta en medio de la noche, llora y parece tener miedo sin que puedas entender de qué. Tranquiliza al niño, asegúrale tu amor y tu protección, reconfórtalo en su deseo de autonomía. Así, progresivamente, recobrará la confianza en sí mismo.

Cómo ayudar al bebé

- Dale algo duro para masticar: un anillo de dentición, una zanahoria refrigerada. El anillo contiene un líquido, por lo que debe guardarse en el refrigerador (el frío alivia la inflamación) pero no en el congelador.
- Frota suavemente la encía del bebé con tu dedo y eventualmente con un gel calmante que te aconseje tu médico. Pero evita anestésicos y analgésicos.
- Cuando hace frío, o sólo si el viento es frío, cubre bien la cabeza y la cara de tu bebé.
- Cuando tu bebé tenga dientes no lo dejes masticar toda la noche un biberón con leche o con agua azucarada. ¡Cuidado con las caries!

Le están saliendo los dientes

Si tu bebé tiene los pómulos enrojecidos, se chupa vigorosamente el puño, babea mucho, tiene las encías inflamadas y parece tener dolor, quizá esté preparándose para la salida de su primer diente.

Éste puede aparecer desde los cinco meses o todavía no haber salido al año, sin que haya motivo de preocupación en ninguno de los dos casos. No hay niños que no tengan dientes y la edad en que aparece el primero no tiene ninguna importancia ni relación con su desarrollo. Si bien los dientes de leche salen más o menos en el mismo orden, así también la edad de aparición del primer diente puede variar mucho: a los cinco meses es muy común, pero también a los doce. Así que no te impacientes.

Algunos bebés parecen sufrir un poco más que otros cuando les salen los dientes. Los dientes nunca provocan directamente fiebre, diarrea, bronquitis o vómito.

El niño, a menudo menos resistente durante este periodo, está expuesto a infecciones que hay que tratar como tales. La negligencia ante un síntoma atribuido a la salida de los dientes sería un error.

El orden de aparición de los dientes

Los dos incisivos inferiores salen primero, después los incisivos superiores. Siguen los incisivos laterales superiores, y los laterales inferiores salen al último.

El pulgar y el chupón

Tanto el uno como el otro tienen sus partidarios y sus detractores. No pretendo tomar parte en esta querella. Ante todo reconozco la necesidad fundamental que el bebé tiene de mamar, necesidad que rara vez queda satisfecha con el tiempo que pasa comiendo. También sé que si algunos bebés encuentran muy rápido su pulgar y logran calmarse, hay otros que no lo consiguen. ¿Por qué vamos a impedir que se tranquilicen de manera similar negándoles un chupón?

El "buen" uso del chupón

Se ha criticado exageradamente el uso del chupón porque, al parecer, resulta malsano, portador de todas las suciedades y porque esclaviza a los padres. Pero he podido constatar sobre todo que produce una verdadera satisfacción al niño. Es de gran ayuda para calmar a los niños que tienen cólicos y dificultades

Dientes: las ideas que se tienen

Verdadero
- El niño babea;
- a veces le duele;
- puede perder el apetito;
- puede tener las nalgas rozadas, lastimadas;
- necesita morder algo.

Falso
- La salida de los dientes es causa de fiebre, otitis, diarrea, bronquitis, vómito, convulsiones y demás molestias.

Unas palabras acerca de las vacunas

Hay que saber que las primeras vacunas son obligatorias y te las pedirán en cualquier institución en la que desees inscribir a tu hijo (la guardería, por ejemplo).

Las vacunas representan un progreso extraordinario de la medicina, protegen a los bebés de enfermedades que podrían ser muy graves, incluso mortales. En parte, gracias a ellas la mortalidad infantil ha disminuido mucho.

Los efectos secundarios son leves, como un poco de fiebre, en el caso de algunas y que a veces obligan a postergar una aplicación. Pero el disgusto del niño no tiene comparación con los riesgos a los que se expondrían con la enfermedad.

- La BCG es una vacuna contra la tuberculosis. Se administra una sola vez, frecuentemente entre el nacimiento y los tres meses.
- La DTP conjunta en una aplicación vacunas contra la difteria, el tétanos y la tos ferina (coqueluche).
- SABIN es una vacuna contra la poliomielitis y parálisis infantil.
- La Triple viral. Aunque no sea obligatoria, es sumamente aconsejable que le apliquen la Triple viral a tu bebé, una vacuna que protege a la vez contra el sarampión, las paperas (parotiditis) y la rubeola.

Esta recomendación es válida si tu niño está en grupo y, por ende, a merced de las epidemias.

Las dos primeras enfermedades generalmente no se consideran graves, pero a veces pueden desencadenar complicaciones severas. En cuanto a la rubeola, es grave si la contrae una mujer embarazada, ya que el feto corre riesgo. Tu niña algún día será adulta, su niño podrá algún día transmitir la enfermedad.

Entonces, ¿para qué tomar estos riesgos? ¿Por qué no decidir proteger a tu niño de estas molestias con una vacuna que, por lo demás, se tolera muy bien?

digestivas. En principio, el pulgar es preferible en la medida en que deja al bebé libre de tomarlo o no, voluntariamente, sin que tenga que intervenir el adulto. Pero hay soluciones para el uso del chupón,

por ejemplo disponer unos cuantos en la cama del niño para que tenga varias oportunidades de encontrar uno en la noche. También hay broches que permiten pegar el chupón a la ropa. El problema es que los niños no podrán prescindir de él antes de varios años. La elección queda en manos de los padres.

Mamar, una necesidad real

Mamar es un comportamiento innato que el bebé emplea espontáneamente para tranquilizarse y controlar las emociones que lo invaden. Es una necesidad que se debe respetar, no importa qué medio haya elegido. Si se satisface con su pulgar o con un chupón, es secundario. Pero una vez adquirido el hábito, privar al niño sería peor que el mal, si es que existe un mal. A los padres que fuman, les pregunto: ustedes que son prisioneros de su destructivo placer oral, ¿esperarían que su bebé tuviera más fuerza de voluntad? La educación es un ejemplo, sean exigentes con ustedes mismos antes de serlo con él.

El único signo que puede inquietar es constatar que tu bebé mama todo el día, de modo que parece distanciarse del mundo. Cuando el bebé está descansado no tiene hambre; juega, no experimenta permanentemente la necesidad de mamar, a menos que ésta se torne más apremiante que su necesidad de intercambio, exploración y comunicación. En tal caso sería conveniente valorar lo que es bueno para el niño y, desde luego, dedicarle tiempo y jugar más con él.

El juego
y los juguetes

Las diferentes funciones del juego y de los juguetes.
Jugar con el niño. Escoger buenos juguetes.

El juego y los juguetes son esenciales en los mecanismos que sustentan el desarrollo del niño. Hoy día se sabe que el juego no es sólo una distracción para el niño, sino un tiempo de adquisiciones y aprendizaje indispensables para su desarrollo intelectual, afectivo y social.

Un niño sano y feliz juega de manera espontánea, con el cuerpo de su madre y el suyo para empezar; juega mucho tiempo con sus manos, después con sus pies, toma los cabellos y los anteojos de su mamá. Hacia los cuatro meses, capaz de asir, juega con todo lo que está a su alcance y se empeña en llevárselo a la boca. Capaz de desplazarse, toma todo lo que lo atrae como juguete, en especial si no es un juguete sino un objeto prohibido. ¡Le gusta manipular el control remoto de la televisión y arrugar hojas de papel!

Las funciones del juego

Hemos visto que el bebé nace con una percepción rica y sensible; los primeros juegos estimulan su visión o su audición. Después atraviesa por una fase de exploración durante la cual sus juegos preferidos serán examinar, manipular, vaciar, lanzar y agitar todo lo que pasa por sus manos.

Vamos a examinar el sentido del juego y luego revisaremos algunos juguetes importantes, comprados o hechos en casa, y algunas sugerencias que han de facilitarte la vida.

Jugar, ¿para qué sirve?

El juego está lejos de ser algo accesorio en el desarrollo y en la vida del niño. Piensa en un niño sano que no tenga hambre ni sueño.

¿Qué hace? Juega. Esto es en sí mismo un signo importante de buena salud física y psicológica. Demuestra que jugar es una actividad fundamental para el niño, mediante la cual aprende acerca del mundo y de sí mismo, y no una mera insignificancia que lo distrae mientras llegan a ocurrir cosas serias, pues jugar es cosa seria. Jugando, el niño aprende a controlarse, evolucionando a su propio ritmo y aprende también a manejar las cosas que lo rodean.

Jugar es aprender

No te sorprendas por la palabra aprender, para el niño no hay diferencia entre jugar y aprender. Manipular los objetos, tomarlos, desarmarlos, hacer ruido, vaciar el agua, treparse al sofá, todo es aprender.

Pero cuidado, lo anterior no significa que el adulto deba "apoderarse" del juego del niño para someterlo a entrenamiento intenso ni a aprendizajes precoces. El juego sirve para jugar y nada más. El pequeño juega por el placer, aun cuando éste sea fruto de un esfuerzo que él se impone a sí mismo. El niño se lanza a verdaderos aprendizajes, intenta, fracasa, intenta de nuevo, porque sabe que entre más habilidades posea más posibilidades de juegos tendrá y, por lo tanto, más placer. Progresa porque lo impulsa una fuerza formidable. Este impulso fundamental, innato, es nada menos que el deseo de vivir, de crecer y la curiosidad de conocer.

Tu niño está maravillosamente dotado para ello. Obsérvalo cuando le das un juguete nuevo. Con todos sus sentidos lo descubrirá; va a mirarlo, por supuesto, pero también a oírlo, saborearlo, acariciarlo, agitarlo, golpearlo, desarmarlo, todo de una manera ingeniosa y maravillosamente eficaz.

Jueguitos sencillos para el bebé

- Suspende juguetitos o un móvil encima de su cama y a la altura de sus manos, después a la altura de sus pies. Enséñale cómo puede hacer que se muevan.
- Hazle descubrir olores nuevos. Puedes pasarle por la nariz un frasco de vainilla o de canela, una fruta cortada por la mitad, un frasco de agua de rosas, etc. Siempre huele tú primero y haciéndole ver que te provoca placer. Explícale de qué es el olor y pregúntele si a él también le gusta.
- Hazle conocer sensaciones nuevas apelando a su sentido del equilibrio. Para ello arrúllalo en tus brazos, acostado, con su espalda contra ti. Después balancéalo ligeramente, de un lado al otro, inclínate hacia los lados, hacia delante, hacia atrás, baja y sube, etcétera.
- Ata cascabeles en listones y amárralos en sus puños, luego en sus tobillos. Enséñale cómo, al mover la mano o la pierna, puede provocar un sonido. Lo entenderá rápido. ¡Cuidado! Nunca lo dejes solo con sus cascabeles, podría tragárselos.
- Escoge pedazos de telas con diferente textura. Acaricia con ellos la palma de tu bebé, después su cuerpo. Si tienes tiempo, puedes coser esos retazos de tela en una sola pieza y después confeccionar una gran serpiente que a tu bebé le encantará.

¡Cuidado! Unos cuantos minutos a la vez bastan. Aprende a sentir su disponibilidad y su fatiga para detener el juego a tiempo, antes de que se canse.

Jugar es compartir

Jugar es ya muy importante para tu bebé, pese a su corta edad. No sólo juega con su cuerpo, sino con otras personas. Tú has desarrollado el hábito cotidiano de dedicarle unos momentos a esos juegos que compartes con tu niño. Miradas, sonrisas, balbuceos y cosquillas son algunas de las formas en que te comunica su placer.

Jugar con tu hijo

Los padres esperan que su hijo adquiera un sentido de autonomía, especialmente que sea capaz de jugar solo, pero tanto mejor si pasas tiempo jugando con él. Si los padres juegan con el niño, él se aficiona a los juguetes utilizados porque, de algún modo, sus padres los han "investido" afectivamente.

Aun cuando el niño tenga juguetes bonitos, muy bien estudiados por los fabricantes, ninguno alcanzará el valor de estímulo y descubrimiento que puede representar un cuarto de hora de juego cariñoso con un adulto. Un tiempo de disponibilidad total, aunque breve, y de atención al niño, es un regalo regio. Si se dispone de poco tiempo, se puede aprovechar algún momento como el baño o el cambio de

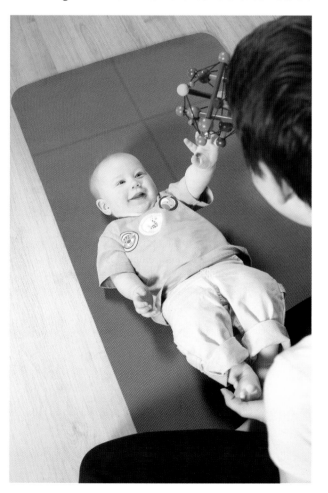

La edad en la que tira todo en el suelo

Dale al bebé objetos que pueda lanzar sin riesgo alguno y que caigan de maneras variadas:

- Objetos ligeros (una pluma, papel arrugado, un globo inflado) que caigan lentamente y sin hacer ruido, y objetos más pesados (un cubo de madera, una cuchara de metal) que caen más rápido y hacen más ruido.
- Objetos que ruedan fácilmente (una botella de plástico, una pelota) o que permanezcan donde caen (cojín, arena).
- Si quieres que tu niño se interese todavía más en el juego, pon en el fondo de una palangana una bandeja de metal boca abajo (o una tapa de cacerola). El ruido que produce lo divertirá mucho.
- Finalmente, cuando te hayas cansado de recoger las cosas y si el juego ya acabó con tu paciencia, amarra un objeto "para lanzar" en el extremo de un trozo de listón. Anúdalo por el otro extremo, cerca del niño, en su silla o en el barandal de su corral. Ya sólo tiene que aprender a recuperar el objeto tirándolo con ayuda del hilo.

ropa para jugar y reír juntos. Sobre la alfombra se puede jugar a las escondidas (primero cubriéndose los ojos con las manos, después con un objeto) o a la pelota. Puedes hacerle cosquillas o brincotear; hacer una torre con cubos de madera o de plástico, misma que el niño se encargará de derrumbar.

El juego importa poco. No habrá nada mejor para el niño ni nada que le produzca más placer que el hecho de que le dediquen a diario un rato de atención, juego y esparcimiento.

Investir de afecto el juguete

Para que un niño se interese en un juguete, para que juegue con él cuando esté solo en su cuarto o en su corral, es necesario que el juguete haya sido "investido" de afecto por su madre o su padre. Es necesario que los padres hayan pasado algún tiempo descubriendo el juguete con su hijo, que lo hayan manipulado, que se hayan divertido juntos con él. El juguete en un estante, en su caja o en un cajón está como muerto para el niño. Cuando la madre lo toca y lo anima, le da vida y despierta el deseo del juguete en el niño. Más tarde, cuando el niño está solo con el juguete, recuerda a su madre jugando y a él se le facilita jugar solo. Recobra a su madre a través del objeto. De vez en cuando es conveniente "animar" así a los juguetes.

No se trata de explicarle al bebé la mejor manera de jugar con tal o cual objeto, puesto que él se desenvuelve solo muy bien, sino de mostrarle que se tiene interés en él y que da gusto compartir tiempo con él. Basta con que cada día te pongas a su nivel, sobre la alfombra, con algunos juguetes y dejes que el niño elija el juego, déjate guiar por él. Sólo ponte a su disposición y participa en el juego.

Las manos y el juego

La mayoría de los bebés extienden las manos cuando son capaces de alcanzar un juguete suspendido arriba de ellos. Cuando ya tiene en la mano el objeto, el niño es capaz de girar la muñeca para poder ver sus diferentes caras. Estudiar los objetos desde diferentes perspectivas y a diferentes distancias o invertidos forma parte de los intereses del niño. De este modo aprende que un objeto puede presentarse bajo múltiples apariencias sin dejar de ser el mismo. Esto es el inicio de lo que se conoce como la permanencia del objeto.

Saber soltar

El niño de siete meses sabe atrapar bien los objetos, pero se le dificulta soltarlos. Suelta algún objeto para atrapar otro o por torpeza. Pero soltarlo deliberadamente, para dárselo a alguien o para lanzarlo, requiere un relajamiento muscular opuesto a la tensión ejercida para sostenerlo.

Se trata de un aprendizaje en el que puedes ayudar al niño. Cuando tenga un objeto en la mano, coloca la tuya extendida bajo el objeto. Enséñale que puede soltar el objeto sin que se caiga; permanece ahí, sobre tu mano, y el bebé puede volver a tomarlo sin problema.

Tomar y dar

Cuando el niño ha aprendido esto, ya pueden jugar juntos. Así, por ejemplo, cuando el niño esté sentado frente a ti, ofrécele una pelotita. Cuando la haya tomado incítalo a que te la dé. Extendiendo la mano hacia él, pídele: "¿me das la pelota?". Si te la da, haz algo divertido con ella, como lanzarla al aire y devolvérsela. Entonces el niño se sentirá estimulado para soltar los objetos que tiene y dártelos, porque le divierte lo que tú haces.

Este juego puede hacerse en cualquier momento. ¿El niño sentado en su silla alta te acompaña en la cocina? Dale una espátula, una zanahoria o un vaso irrompible y pídele que te lo devuelva. Cada vez, juega un momento con el objeto antes de dárselo. Ya entendido, el juego puede hacerse más complicado. Pueden iniciarse los intercambios "¿Me das esa zanahoria? Ten, ahora toma la cuchara".

Desde muy chico siente apego por sus juguetes

Desde que está en edad de tomar con la mano una sonaja o un muñequito, el niño los aprieta contra sí mismo y protesta cuando alguien intenta quitárselos. En cuanto descubre un nuevo juego, se apropia y se apega a éste. Si se divierte lanzando lejos de sí el chupón o el osito de peluche al que está muy apegado, es para reclamar que se lo levanten enseguida para volver a tomarlo.

En cuanto están en edad de desplazarse solos con sus juguetes, algunos niños toman la costumbre de agruparlos alrededor de ellos mismos, en su camita o corral, como queriendo decir: "Esto es mío, prohibido tocar". Les gusta tener sus juguetes alrededor suyo, al alcance de la mano, especialmente en la noche. Es una especie de rito que les da seguridad, dándoles un sentimiento de perennidad y de confianza.

Este apego es exclusivo ya que el niño no presta. O, si presta en un juego de intercambios, rápidamente reclama lo que acaba de dar. Hay, pues, un sentimiento de propiedad y un apego muy precoz del niño a sus juguetes que es importante respetar.

No olvides verbalizar lo que haces, incluso diciéndolo en voz alta. De este modo puedes incrementar el vocabulario de tu niño: "Oh, ¿tomaste el cubo azul? Dámelo. Yo te doy el cubo verde. ¿Ves el verde? Ahora dame el verde y yo te doy el azul", y así sucesivamente.

Por último, cuando el niño sabe soltar simplemente separando los dedos y colocando el objeto en la mano de mamá, puedes proseguir a la etapa siguiente. Sentados los dos, uno frente al otro, a uno o dos metros de distancia, le enseñas a lanzar, acompañando la palabra con un movimiento del brazo. Con una pelota pequeña el niño aprenderá poco a poco a lanzar.

Los juegos con las manos

Las manos son el primer juguete del bebé y fuente de descubrimientos inusitados. Después, con habilidades, se transforman en el primer y más útil instrumento del niño. Le permiten llevarse cosas a la boca, explorar y manipular.

- Dale a tu niño una caja que se abra y cierre con facilidad (por ejemplo, una caja de zapatos) y pon en ella algunos objetos que no puedan hacerle daño y que él pueda manipular a su antojo. Dado que la novedad provoca siempre una renovación del interés, es bueno cambiar los objetos con frecuencia.
- Haz que tu bebé toque objetos que le procuren sensaciones diferentes: un vaso o el vidrio de una ventana en invierno, y dile "frío". El biberón con leche: "caliente". Los paseos permiten ampliar las experiencias.

Lanzar: una fase importante del desarrollo

Sería una pena quitar los objetos que se encuentran al alcance del niño en cuanto comienza a aventarlos al suelo.

Aventar algo al piso para que tú lo recojas y así sucesivamente es el pasatiempo favorito del bebé cuando descubre que sabe lanzar. Piensa que si todos los niños atraviesan por esta fase se debe a que es importante para ellos. No lanzan las cosas sólo para fastidiar a su madre, sino para practicar una capacidad nueva, simplemente tienen curiosidad de descubrir lo que pasa con las cosas que avientan. Aprenden que los objetos (y las personas) pueden desaparecer y volver. Entonces, cuando mamá se va, no desaparece definitivamente, ella también regresará. Aprenden que uno puede tener una reacción agresiva hacia los objetos (o las personas) sin que se estropeen (o sin que se molesten). El aspecto social del juego —hacer que intervengas a intervalos regulares para regresarle el objeto— lo regocija enormemente.

Ahora ya has comprendido por qué ese juego es importante para tu niño. Sin tener que quedarte de rodillas horas y horas recogiendo cosas, acepta jugar con él de vez en cuando.

- Sentado en tus rodillas, déjalo manipular objetos pequeños. Por ejemplo, llenar una taza con un montoncillo de pasitas.

Tira todo al suelo

La escena es clásica: el bebé está sentado en su silla alta con diferentes objetos a su alrededor. De pronto, el niño te llama; su jirafa se cayó. La recoges, se la das, y reanudas tus actividades. Pero esto se repite una vez, dos veces, diez veces, y constatas que intencionalmente el niño tira la jirafa después de recuperarla. Creyendo que ya no la quiere, te la llevas, pero él la reclama enérgicamente. Segunda variante: está en su corral y tira sus juguetes al otro lado de la barrera. Después grita para recuperarlos. Tercera variante, que muy pronto llega a cansar: durante la comida se divierte aventando y lanzando vasos y cucharas con puré. Durante esta etapa la madre suele desmoronarse y pensar que ¡el bebé la toma por lo que no es!

Algunos juguetes importantes

Un juguete es bueno para determinado niño porque va bien con sus gustos y con su nivel de desarrollo, pero no lo será para otro niño. Ante todo, es un juguete elegido en función del niño que ha de recibirlo.

¿Qué es un buen juguete?

Ésta es una pregunta difícil, dependiendo de si nos ponemos en el lugar del niño, del padre o del psicólogo.

Para los padres un buen juguete es generalmente aquél que se usa mucho: el niño juega con él con frecuencia y durante mucho tiempo. Es también aquél que le hace aprender algo y que lo hace progresar. Para el niño, seguramente, y cuando el atractivo inicial

Un buen juguete

- Un buen juguete es un juego estudiado que los especialistas (algunos padres son excelentes especialistas) han concebido en función del niño que ha de tenerlo, y que se ha probado con niños. Es sólido, resistente y absolutamente confiable desde el punto de vista de la seguridad.
- Un buen juguete es sencillo y no sustituye del todo lo que el niño puede hacer. Por el contrario, le deja al niño total libertad para actuar, imaginar y concebir a partir del juguete. El niño es el indicador y actor del juego y el juguete actúa sólo como apoyo a su imaginación.
- Un buen juguete tiene usos múltiples. Debe poder servir de diferentes maneras, para diversos usos. Según el humor del niño en el momento y según la evolución en su desarrollo, el juguete debe tener la capacidad de evolucionar y ofrecer múltiples modos de funcionamiento. Así por ejemplo, un camión de carga es mejor si puede servir también como caja de juguetes, si hace "run run", y si el niño puede apoyarse en él para ponerse de pie.
- Por último, un buen juguete es aquél que los padres hayan descubierto atentamente con el niño, aquél que haya "cautivado" la atención del bebé así como su amor.

pasa, es el juguete que ofrece más posibilidades de juego. A este respecto, una gran caja de cartón vacía tiene una especie de récord.

La sonaja

La sonaja, primer juguete que no es su propio cuerpo, fascina al niño durante mucho tiempo. Aporta estimulaciones mentales importantes: el bebé adquiere nociones de color, de forma, de texturas. La sonaja tiene dos papeles importantes esenciales. Permite al niño ejercitar la manipulación: la sonaja se toma, se agita, se sacude y pasa de una mano a otra. Además estimula la inteligencia del bebé y le permite descubrir la relación de causa y efecto; agita la sonaja y se produce un sonido. El bebé parece sorprenderse, repite la acción y se produce el mismo resultado. ¡Le alegra descubrirse capaz de actuar sobre los objetos!

Bien se entiende que una buena sonaja ha de ser un objeto pequeño, fácil de tomar con la mano, suave, ligera, irrompible, de material no tóxico y que haga ruido con facilidad.

El peluche

Pasan algunos meses antes de que al bebé le interesen sus animales de peluche. Hasta entonces, es inútil amontonar en su cama animales que pudieran molestarlo. Pero, poco a poco, el bebé va descubriendo el placer de acariciar, apretar, hundir sus deditos entre los pelitos, mirarlo a los ojos, mordisquearlo y consentirlo. Pronto, el pequeño va encariñándose con sus peluches y alguno puede llegar a convertirse en un verdadero sustituto materno, fuente de consuelo y tranquilidad en caso de fatiga o ausencia de la madre.

El bebé va a querer dormirse con su peluche en los brazos o desearle buenas noches. Así se tejen historias de amor que a veces duran toda una vida (muchos adolescentes conservan su oso de peluche). El niño juega con el peluche como con un muñeco pero, las más de las veces, éste es un compañero a quien se lleva a todas partes, a quien se sienta a la mesa y a quien se saca a pasear. Suave, fuente de consuelo, pronto se convierte en un compañero privilegiado y seguirá siéndolo durante largo tiempo. Para un niño pequeño, elige unos cuantos peluches, pequeños, muy suaves (el bebé va a dormir encima de ellos) y lavables en máquina.

El primer libro

Los bebés adoran los libros. Desde los seis meses, te sorprenderá el interés que pueden tener y el placer que les da hojearlos contigo. Los primeros libros tienen páginas gruesas de tela o de plástico (se los llevarán a la boca y los someterán a un manejo brusco). Han de ser simples repertorios temáticos de imágenes o bien libros con imágenes bastante sencillas. Algunos son libros para tocar y manipular. Nunca estará de más adquirir algunos libros pequeños y dedicar algunos ratos, quizá a la hora de ir a la cama, para hojearlos con el niño y contarlos con voz dulce y alegre. Esto desarrolla el vocabulario, la imaginación y la comprensión visual.

Para hacerle su primer libro

Compra un álbum para fotografías pequeño, de formato de tarjeta postal. Desliza en los compartimientos hojas plastificadas con dibujos varios y cámbialos con frecuencia.

Algunos ejemplos son bonitas tarjetas de navidad o de cumpleaños, fotografías de la familia, tarjetas postales de animales, fotografías de objetos de la vida diaria que hayas recortado de revistas, etcétera.

Los juguetes "caseros"

Puedes hacer algunos juguetes sencillos o modificar el uso original de algunos juguetes para dárselos a tu bebé. Es original, divertido y económico. El niño no tiene ideas preconcebidas sobre el origen del juguete. A partir de algunas ideas pronto encontrarás en tu entorno aquello que le interesa al niño.

Observa a tu alrededor

- Al niño le gusta lo que tiene movimiento y brilla. Suspende arriba de su cama tiras brillantes con esferas de navidad de plástico, con cajitas cubiertas con papel de aluminio, etcétera.
- A los anillos grandes de madera de las cortinas les puedes enrollar listones con colores vivos, y hacer anillos para la dentición muy apetecibles.
- Aparta envases vacíos: botecitos, frascos o botellas pequeñas de plástico que cierren bien (con el tapón de rosca envuelto con cinta adhesiva, por ejemplo).

Evita los envases de vidrio cuando el niño pueda manipularlos solo y limítate a los de plástico. Llena estos recipientes con objetos pequeños (un solo objeto por cada recipiente). Al agitar los frascos, se producen sonidos diferentes que se pueden variar a voluntad.

Están listas sus sonajas. Las puedes hacer más alegres decorándolas con calcomanías o tela adhesiva de colores.

¿Qué poner dentro de los recipientes? Hay mucho de dónde escoger: semillas, grava o arena, perlas, cuentecillas, etcétera.

- Los juegos más divertidos son los más olvidados. Piensa en anillos para servilletas, guantes de hule grueso, espátulas de madera, empaques vacíos, botes de té, cartas de juego sueltas, pinzas para la ropa, naranjas, manzanas, carretes de hilo, ligas grandes, pelotas de tenis y recortes de telas, llaveros, vasos de cartón, pulseras rígidas en desuso, etcétera.

Consejos sobre seguridad

- Sólo compra juguetes que cumplan con normas de seguridad; se les identifica por algunas siglas según el país, impresas en el producto o bien en la etiqueta.
- Escoge juguetes apropiados para la edad del niño. Evita aquellos en los que está indicado: "no convenientes para niños menores de treinta y seis meses".
- No dejes al alcance de tu hijo objetos muy pequeños (que puede llevarse a la boca), puntiagudos, cortantes, rompibles (cuidado con plásticos delgados y rígidos, que al romperse forman aristas afiladas).
- Guarda para más tarde, cuando ya no se los lleve a la boca, canicas, cuentas, o las pequeñas piezas para armar.
- Verifica el estado de los juguetes, la solidez de las juntas, los ojos de los muñecos de peluche, etcétera.
- A los niños les encantan los empaques, pero jamás los dejes jugar con bolsas ni con empaques de poliestireno.
- Sólo si estás segura de que todos los objetos son perfectamente seguros, no dejes a tu niño jugar solo en una habitación sin vigilancia. Si fuera necesario, acomódalo en su corral durante algunos momentos.

Objetos para el "canasto de cháncharas"

- Escobilla
- Manopla
- Caja de plástico
- Colador
- Embudo
- Juego de loza de muñecas
- Guantes viejos
- Papel de envoltura
- Cochecitos
- Catálogo viejo
- Pelota de tenis
- Juguetes para la playa
- Pinzas para tender la ropa
- Llavero
- Muestras o pedazos de telas
- Pelotas de hule
- Tubos de cartón de los rollos de papel higiénico
- Cajetilla de puros vacía
- Tarjetas postales o de felicitaciones
- Bola de estambre bien apretada y atada

Lugar para la creatividad

Un buen juguete es sólido, seguro y sencillo, y ofrece múltiples posibilidades de juego al niño. Un juguete manufacturado o una gran caja vacía, todo vale si el niño está contento.

Un buen juguete ha sido estudiado. Al ser resistente ofrece todas las garantías de seguridad. Está destinado a un niño en particular en función de su etapa de desarrollo y de sus gustos. No tiene por objeto hacerlo progresar, sino divertirlo y servir de apoyo a su imaginación. Un buen juguete es sencillo. Cuanto menos elaborado, tanto mayor será la actividad e inventiva del niño, que será el autor del juego, en tanto que el juguete sofisticado no deja posibilidad alguna para el despliegue de su creatividad.

> *Un buen juguete para un pequeño ha de tener usos múltiples y podrá adaptarse a los deseos del momento.*

Consejos de uso

- No des a tu niño juguetes muy adelantados para su edad. Le hará sentir frustración y confusión. Un juguete ha de desempeñar plenamente su papel para un niño de la edad para la que ha sido estudiado, y los grupos de edad indicados por los fabricantes son suficientemente amplios.
- No amontones en su cuarto o en su cama multitud de juguetes, peluches, sonajas, etc. Mejor pon me-

nos y altérnalos. Para llamar su atención basta un solo juguete, que ha de sustituirse cuando aburra al niño.

- Atención: el exceso de estímulos, los juguetes muy ruidosos o muy brillantes pueden fatigar a un niño pequeño.
- Escoge juguetes de dimensiones apropiadas para el tamaño de tu niño. Evita, por ejemplo, muñecos de peluche muy grandes. Asegúrate de que una mano pequeña pueda pescarlos.
- Cuando llegue a la etapa de los primeros plumones y crayones, cerciórate de que las tintas y las minas sean lavables y no tóxicas.

El cesto de "curiosidades"

El pequeño pronto se convierte en un ser perfectamente sociable, siempre y cuando esté rodeado de personas que lo amen. Dialoga largo y tendido con su madre. Se aferra a ella y se refugia en sus brazos, pero también despliega su talento de imitador y seductor. Con su padre disfruta los juegos más violentos, más físicos, y los de escondidillas.

Tiene una verdadera pasión por sus hermanos y hermanas, con los que es un verdadero payaso.

A partir del momento en que sus manos desarrollan habilidades suficientes, no cesa de tomar, agitar, manipular, abrir, cerrar, voltear, deslizar, en pocas palabras, de explorar los objetos en todos sentidos y desde todos los ángulos. ¡Vaciar, llenar, vaciar de nuevo, qué alegría! Aprovecha para procurarle el mejor de los juguetes, aquel al que le daría más usos, una caja o un cesto lleno de "curiosidades". Sus exploraciones requieren una variedad grande de objetos, de manera que no te limites a juguetes sólo "previstos para" como los cubos, animales que emiten ruidos o sonajas. Piensa en objetos de formas, colores y texturas diferentes, que han de procurarle al niño información variada.

El corral

El corral es de uso temporal. Cuando empieza a gatear, el niño corre riesgos provocados por él, porque va a desplazarse, a tocar todo, a llevarse todo a la boca, a estirarse tanto como pueda; por todo lo que lo rodea también, porque el niño puede hacer caer y romper muchas cosas. No es una razón para

El corral
El corral es muy útil en momentos en que no puedes vigilar al niño, pues lo protege de los peligros. ¿Te llaman por teléfono? ¿Debes ir a la cocina para preparar algo? Deja a tu niño en el corral aunque él no quiera ya que un pequeño no es consciente de los riesgos que corre. A este respecto, debes protegerlo y a la vez enseñarle, y recuerda que el niño aprende solamente por experiencia propia.

confinarlo en su corral hasta que sea capaz de razonar. Por una parte, porque pronto podrá darle la vuelta y no es allí donde va a desarrollar mejor su inteligencia, ávida por descubrir. Por otra, porque se va a aburrir (si es que no sucedió ya); aun cuando le proporciones nuevos juguetes, el niño va a protestar vigorosamente. No tendrás más alternativa para entretenerlo que estar con el niño cerca del corral o dejarlo salir.

¿Qué juguete para qué edad?

Un buen juguete se adapta a su destinatario. Esto significa que, si bien es cierto que hay malos juguetes (porque son peligrosos e inútiles), también lo es que hay pocos buenos juguetes.

De los 0 a los 3 meses el bebé manipula poco, pero con ojos y oídos explora durante largo tiempo el espacio que lo rodea. Un movimiento de la cortina, un sonido que se repite, un dibujo en la pared, todo es juego y amerita su atención.

- Al bebé le interesará mucho un móvil que se balancea, de listones o de globos.
- Atravesado en la cama o en su carriola, suspende un ábaco o varias sonajas atadas con listones. Al bebé le encanta verlos moverse, sacudirlos y hacerlos sonar.
- Acostado de lado le agradará que coloques frente a él un muñeco pequeño de peluche o una muñeca de trapo.

Información suplementaria

Un niño muy pequeño (de 0 a 3 meses) no tiene necesidad de numerosos estímulos y el exceso de ruidos y movimientos lo cansaría. Bastará con que le ofrezcas uno tras otro pocos objetos, sencillos y de colores vivos. Posteriormente el niño cogerá todo y es entonces cuando todos los objetos le gustan mucho (3 a 6 meses).

De los 6 a los 9 meses, estar sentado le permite al niño tener acceso a muchos juegos y juguetes nuevos. Las sonajas siempre son interesantes y se puede hacer una gran variedad de ellas.

Finalmente, de los 9 a los 12 meses, los "grandes" ya se desplazan y les gusta todo lo que se mueve por el suelo. Es también la época de los juguetes que se superponen y se derrumban. Los primeros libros son de cartón o de tela, y los juegos afectivos empiezan a tener un papel importante, juegos de imitación y apego verdadero.

- Una caja de música es también un bonito juguete. El bebé llega a reconocer la melodía y ésta podrá apaciguarlo.
- En la pared, láminas bonitas, fotografías o simplemente un espejo.

De los 3 a los 6 meses el bebé puede asir las cosas. Le gustan todos los objetos (sonajas, anillos para dentición, animales de plástico) que puede tomar con una mano, pasarlos a la otra, ponérselos en la boca y agitarlos, con lo que podrá producir algún sonido, etcétera.

- Le gustan las cajas de música y los móviles animados. Comienzan a interesarle los animales de peluche y los muñecos de trapo.
- Los tapetes de actividades en los que se recuesta al niño pueden tener diseños y colores alegres y ser buena fuente de estímulos sensoriales.
- Comienzan los juegos de baño. Inicialmente se le pueden proporcionar pelotas de ping-pong de colores vivos y pequeños juguetes de plástico.

De los 6 a los 9 meses es la edad en que el bebé empieza a jugar con pelotas, cubos de trapo, tapas, cajas de plástico y envases, osos de peluche y todas las pequeñas "curiosidades" que le gusta manipular y que, de ser posible, produzcan algún sonido.

Los juegos de baño se desarrollan y adquieren importancia. Los fijados a los barrotes del barandal de la cama o del corral se prestan bien para entretenimientos manuales. Además de todo lo anterior, a los "grandes" de 9 a 12 meses les gustan las carretillas, camiones grandes de plástico, perro o caballo con ruedas, objetos que puedan jalar del extremo de un cordón.

La seguridad del bebé

Un niño en un ambiente seguro es un niño cuyo entorno ha sido acondicionado y al que se vigila mientras se mueve libremente.

El hogar es el lugar donde cualquiera se siente protegido, al abrigo del exterior y de sus peligros. Sin embargo, no hay que olvidar que en casa ocurren accidentes domésticos que causan heridas o el deceso de un gran número de niños. El precio a pagar es muy alto tratándose de niños pequeños, incluso bebés, aunque los riesgos aumentan cuando el niño se desplaza solo.

Aun cuando se tomen todas las precauciones y se ejerza vigilancia estrecha, los pequeños accidentes son parte de la vida diaria del niño. El descubrimiento del espacio y del equilibrio se logra exponiéndose a riesgos y con el desarrollo paulatino de una conciencia del peligro. Es pues inútil, y sería perjudicial para el desarrollo psicológico del pequeño, querer evitarle todos los moretones y golpes.

Pequeños y grandes peligros

Los accidentes graves pueden y deben evitarse totalmente. Desde el nacimiento hasta la edad de un año, lo más importante es supervisar el ambiente y hacerlo lo más seguro posible, y vigilar al bebé, que siempre debe tener compañía en el curso de todos sus intentos y exploraciones.

El pequeño muy pronto es capaz de trepar y hacer evoluciones que no podemos imaginar. Es necesario cerciorarse de la seguridad absoluta de todo el material de puericultura que se emplee (silla alta estable, asiento confiable para el automóvil, etc.). Rápidamente el bebé es capaz de voltearse, trepar, levantarse, balancearse. Lo acuestas en un extremo de la cama y lo encuentras en el extremo opuesto. Esto demanda vigilancia estrecha. Es importante la educación que sobre el peligro se le dé al niño. Es indispensable prohibirle hacer ciertas cosas, pero también lo es el enseñarle lo que sí puede hacer por sí mismo y con toda seguridad. En vez de transmitirle nuestra angustia, más vale advertirlo acerca de los peligros y enseñarlo a enfrentarlos.

La mesa para cambiarlo

Aunque nunca lo hayas visto hacerlo, puedes estar segura de que de un día para otro tu bebé será capaz de girar y voltearse. Por ello nunca debes dejarlo solo en una mesa de cambio de ropa, ni siquiera durante unos segundos. Si debes girar para tomar alguna cosa, mantén al bebé sujeto con una mano. Si olvidaste una prenda en otro sitio o debes contestar el teléfono, envuélvelo en una sábana y llévalo contigo. Otra solución es dejarlo sobre la alfombra. Nunca lo dejes solo en algún lugar alto. Se registran muchos accidentes de niños víctimas de traumatismos craneoencefálicos por caída en pisos de mosaico desde lo alto de su mesa para cambio de ropa.

El deseo de explorar

Este deseo no es nuevo. Puede decirse que el bebé nace no sólo con el deseo, sino con la necesidad de explorar lo que lo rodea. Sus nuevas capacidades físicas, y especialmente el hecho de poder desplazarse, le dan tal energía y curiosidad sin límites.

Soluciones para proteger a tu niño

Aquí presento algunas sugerencias para no tener que seguir a tu pequeño paso tras paso por toda la casa.

Organízale un cuarto (o el rincón de un cuarto) sólo para él, que sea perfectamente seguro y apropiado, como su corral. Dicho de otra manera, transforma su cuarto en un gran corral, con un área de juego a la medida de su curiosidad.

- Deja a su disposición una caja o un cesto lleno de objetos y de juguetes que, a su gusto, él pueda explorar, maltratar, desarmar o acomodar en hilera. Deja al niño en esa habitación cuando tengas necesidad de un momento de tranquilidad sin tener que vigilarlo (contestar el teléfono, bañarte).
- Dispón el resto de la casa, durante algunos meses, en función de las necesidades de tu niño.
- Guarda seguros sus objetos valiosos pero mantente consciente de que, se trate de lo que se trate, no podrás protegerlo todo; el resto deberás prohibírselo. Cuantas menos sean las prohibiciones, más fácil será que él las respete.

en general. Pero ten cuidado con los ojos de los animales de peluche, que el niño podría arrancar, y con cascabeles y silbatos que suelen tener las sonajas y los muñecos. Ten mayor cuidado con los juguetes que le hayas fabricado, con los de los niños mayores, que pueden tener piezas pequeñas, y con los objetos que transformaste en juguetes.

Otros riesgos

Existen otros riesgos además de los que se deben tomar en cuenta con objetos pequeños:

- Algunas pinturas. Las de algunos objetos contienen plomo. Ingerirlas es particularmente tóxico.
- Ten cuidado con los objetos que pueden romperse (objetos de vidrio), con los que pueden provocar asfixia (bolsas de plástico, cojines), con los que pueden estrangularlo (cuerdas, cordones, elásticos grandes), herirlo (aristas filosas) o envenenarlo (restos contaminados de alimentos).

Asfixia, ¿qué hacer?

Puede suceder que, pese a la vigilancia, el bebé se lleve a la boca un objeto pequeño, se lo pase y se ahogue, se asfixie. Estos objetos suelen ser:

- caramelos, pedazos grandes de carne, zanahoria, manzana o pan, huesos de fruta;
- "botanas" servidas como aperitivo (cacahuates, almendras, pistaches, nueces, confites);

Ésa es la inteligencia del niño, la fuerza de vida con la que poco a poco va al encuentro del mundo, a interrogarlo, a tratar de comprenderlo y modificarlo. Multiplicando sus experiencias y exploraciones va a reconocer e interiorizar una suma inimaginable de conocimientos. Por eso puede llegar a parecernos particularmente agotador e insoportable. No hay libro que no haya tirado, no hay cajón que no haya vaciado, no hay alacena que no haya explorado. ¿Ya no lo oyes? Entonces corres a buscarlo. Está explorando las tomas de corriente eléctrica o arrancando las hojas del cuaderno de su hermana.

¡Alégrate! Tienes un pequeño en plenitud, rebosante de vida, inteligencia y curiosidad. Ya es demasiado grande para quedarse en su corral. Sus juguetes no le interesan sino sólo a ratos y le interesa descubrir lo que a ti te interesa y te retiene. Así, las más de las veces, es lo que le está prohibido.

Los objetos pequeños

A partir de los cuatro meses tu bebé progresa mucho en materia de prensión. Todo lo que toma se lo lleva a la boca y deberás redoblar la vigilancia respecto a su seguridad. Nunca dejes objetos que pueda tragarse o meterse en la nariz o en los oídos. Antes de darle algún juguete, cerciórate de que no represente peligro alguno.

Los juguetes disponibles en el comercio son sometidos a controles estrictos y por ello son inocuos

En el área destinada al niño revisa que no haya:

- cables de electricidad que sobresalgan, ni tomas de corriente eléctrica al ras del suelo, excepto si son tomas de seguridad;
- muebles con aristas agudas;
- ni objetos ni juguetes pequeños que puedan ser peligrosos;
- envases de productos de tocador o de medicamentos.

Revisa el resto de la casa. Es ilusorio pensar que podrás andar siempre detrás de tu niño. Es tiempo de poner barreras de seguridad arriba y abajo de la escalera; de cerrar las puertas de las habitaciones prohibidas, y de instalar tomas de corriente de seguridad en todas partes.

Autonomía y seguridad

Debes adaptar los espacios desde el día en que el niño ya se desplaza. Es más necesario que nunca dejar que el niño experimente y enriquezca sus descubrimientos bajo vigilancia activa. Si comparte su cuarto con un niño mayor, aíslalo en un área con una barrera al ras del suelo.

Algunas cifras significativas

- En 90% de los casos el producto tóxico ingerido por el niño es un medicamento o un producto para limpieza o mantenimiento.
- En 75% de los casos el producto no estaba guardado, sino que se había dejado al alcance del niño.
- En 20% de los casos el producto peligroso había sido transvasado a un recipiente inocuo inofensivo (por ejemplo, combustible en una vieja botella de jugo de fruta).
- Los ambientes más peligrosos son la cocina, el cuarto de baño, el patio, la lavandería, la cochera, etcétera.

Envenenamiento: cómo prevenirlo

La única cosa que los padres pueden hacer en caso de intoxicación de su hijo es ponerlo rápidamente en manos de un médico, sin embargo, de ellos dependen actividades preventivas muy importantes:
- Pon bajo llave, fuera del alcance del pequeño, todos los medicamentos y productos de limpieza, así como todas las sustancias peligrosas.
- Cuidado con los botes de basura, los productos de maquillaje y los líquidos transvasados con empaques de colores que sean atractivos.
- Cuidado con los cigarrillos, ceniceros y restos de alcohol en vasos y copas que se quedan sobre alguna mesa.
- Algunas plantas, flores y bayas son tóxicas. Infórmate con un boticario o farmacéutico.
- Finalmente, ten siempre a la mano los números telefónicos de urgencias, los de costumbre y los del centro de intoxicaciones de tu localidad.

- piezas o pedazos de juguetes: ojos de animales de peluche, botones de prendas de vestir, canicas, piezas sueltas;
- objetos dispersos en la casa: tapas de botellas, pedazos de lápices, tapas de bolígrafos, grava, piedrecillas, etcétera.

La historia es siempre la misma. El bebé toma un objeto y se lo lleva a la boca. En vez de vomitarlo o deglutirlo, lo pasa por descuido a las vías respiratorias. En el caso de asfixia benigna (ha logrado "ingerir" el objeto que estaba atorado) el niño tiene un ataque de tos y se enrojece. Puedes ayudarlo acomodándolo de manera que su cabeza esté más baja que su cuerpo y dándole golpecitos en la espalda para que escupa lo que lo asfixiaba.

En caso de que el niño se haya pasado un cuerpo extraño, que esté bloqueado en la laringe, la situación es mucho más grave. El niño se lleva las manos al cuello. Respira con dificultad, o no respira; no puede hablar ni toser, se pone pálido, después morado. Tal vez pierda el conocimiento. Es una situación escalofriante pero, dada la urgencia, es necesario que conserves la serenidad y el control de la situación.

Si el niño respira, anímalo a que tosa y rápidamente llévalo al servicio de urgencias de algún hospital. Si el niño no puede respirar ni toser:
- Solicita que los bomberos acudan con premura.
- Ábrele la boca al niño e iluminándole la garganta con una lamparilla examina si el objeto está visible, y si es posible tomarlo con los dedos o con una pinza. Sé cautelosa; si el riesgo de empujar el objeto hacia adentro es mayor que el de sacarlo, no trates de tocarlo, e intenta la maniobra siguiente:
- Acomoda al niño pegado a ti, con su espalda apoyada contra tu vientre. Coloca tu puño sobre el hueco situado justo debajo de las costillas del niño. Haz presión brusca y brevemente, hundiendo tu

puño y llevándolo hacia arriba. Si el niño no expulsa el objeto inténtalo de nuevo cinco o seis veces mientras llega el auxilio. El objetivo de esta maniobra es comprimir, hacer que la presión del aire dentro de los pulmones aumente, y que bruscamente salga el aire y expulse el objeto atorado en las vías aéreas.

- Aunque el niño haya expulsado el objeto, llévalo de inmediato con un médico, para que lo examine y determine si hay lesiones o si quedaron secuelas.

Envenenamiento, ¿qué hacer?

Las intoxicaciones representan el 2% de las consultas pediátricas. La mayoría no son graves, pero algunas necesitan intervención urgente y hospitalización.

La situación ocurre siempre de la misma manera. El niño, que ha sido dejado solo un momento, es atraído por una sustancia que se parece a algo que a él le gusta, un dulce, algún jugo de fruta o simplemente algo que se lleva a la boca. O bien se trata de bolas de naftalina, colillas de cigarrillo, o bien de alguna solución blanqueadora —hipoclorito de sodio— o pastillas como aspirinas y somníferos.

¿Qué hacer en caso de intoxicación?

Es imperativo mantener la sangre fría y llamar por teléfono de inmediato al centro para el manejo de intoxicaciones de su zona. De no ser esto posible, llama a tu médico, a algún médico de guardia o a los bomberos. Cada minuto cuenta. Por teléfono, infórmale al médico la edad del niño, su peso, la naturaleza del producto que ingirió, la cantidad que tomó, la hora en que la tomó y los síntomas observados.

Lo primordial es que no tomes ninguna iniciativa, excepto llevar al niño a la unidad de urgencias del hospital más cercano. La conducta a seguir varía mucho según el producto de que se trate. En algunos casos, se procede a darle de beber al bebé o hacerlo vomitar, pero en otros eso podría agravar la situación. Así, por ejemplo, nunca se debe hacer vomitar a un niño que ha ingerido productos corrosivos o espumantes ni al que se ha desvanecido.

Otras medidas de seguridad

- Es necesario que todos los productos de limpieza y de mantenimiento se guarden en alto, en una alacena cerrada con llave. Ten cuidado con aquellos productos que recién has utilizado y que por descuido puedes haber dejado momentáneamente en una mesa.
- Guarda fuera de su alcance todas las herramientas, rasuradoras, cuchillos, tijeras y todo el material de costura.
- Ten mucho cuidado con balcones, terrazas y ventanas, particularmente las que sobresalen. Los accidentes son frecuentes y muy graves si tu departamento está situado en pisos altos.
- Dale a cuidar tus plantas verdes a algún vecino durante algunos meses ya que, de por sí, no es bueno que el niño coma tierra, y menos algunas hojas que pueden contener veneno.
- No dejes en el suelo los alimentos de animales.
- Nunca dejes solo al niño en la cocina.
- Acostúmbrate a dejar los mangos de las cacerolas orientados hacia el muro, de manera que no rebasen el borde de los muebles de la cocina.
- Ten cuidado con el horno si no está aislado y si está debajo de las parrillas de la estufa, con las manijas fáciles de manipular y que pueden dejarlo encerrado, por ejemplo, en el baño.
- Asegúrate de que cuando el niño esté sentado en su silla alta, ésta tenga buena estabilidad y que el niño no pueda resbalarse o caer de ella (si es necesario, si se levanta todo el tiempo, inmovilízalo con un cinturón de seguridad).

Todos estos consejos no bastan para evitar que ocurra algún accidente, pero si los pones en práctica, los riesgos disminuyen notoriamente. Sirven también para mantenerte alerta y para que refuerces su vigilancia. A pesar de todas las campañas de información todavía ocurren muchos accidentes que se pueden atribuir a la negligencia. No olvides que gran parte de los accidentes ocurren no porque los niños estén solos, sino porque sus padres están distraídos u ocupados en otros menesteres, por ejemplo, al teléfono.

Los riesgos según la edad

Veamos cuáles son las cosas que debes vigilar con particular atención, según la edad del niño.

Desde el nacimiento hasta los tres meses

- La cuna es el lugar donde el recién nacido pasa la mayor parte del tiempo. Debe ser absolutamente segura y por ello debes suprimir el uso de cobertores, sábanas y almohadas. Es preferible el uso del traje de una sola pieza en vez del bolso de dormir.
- No dejes ninguna cadena ni gargantilla alrededor del cuello del niño.
- Pon siempre el moisés en el suelo, nunca en una mesa. Cerciórate con regularidad de la firmeza y la seguridad de sus asas o agarraderas.
- Para evitar la hipertermia, no le pongas al niño ropa muy calurosa ni lo cubras en exceso cuando duerma o cuando lo lleves en automóvil.
- La leche de un biberón calentado en el horno de microondas puede estar excesivamente caliente sin que te des cuenta. Vierte unas gotas de leche del biberón en el dorso de tu mano para verificar la temperatura del líquido antes de dárselo al niño.

De los tres a los seis meses

- El baño empieza a ser un momento placentero para el bebé. Controla siempre la temperatura del agua con un termómetro de baño (más confiable que la mano o el codo). La temperatura correcta para el baño del niño es de 37 °C a 38 °C.
- El riesgo importante para niños de esta edad es una caída desde la mesa para cambiarlos. La única manera de evitarlo es mantener siempre una mano sobre el bebé cuando lo tienes acostado en la mesa. Si debes dejarlo, aunque sea un instante, déjalo en el piso, envuelto con una toalla.
- Nunca viajes en automóvil con tu bebé en las piernas. Sólo viajará protegido en su asiento o en su cuna para automóvil. Nunca dejes a un niño solo en un automóvil. Puede sufrir una severa insolación. Siempre ten a la mano un biberón con agua.

- El bebé ya empieza a llevarse cosas a la boca. No dejes nada cerca de él, excepto sonajas y juguetes que pueda llevarse a la boca sin peligro.

¡Cuidado con los ojos de los muñecos de peluche y con las canicas de los hermanos mayores!

De los seis a los nueve meses

- Predominan los riesgos de asfixia. Mientras se lleve todo a la boca, evita cualquier objeto que esté al alcance del niño.
- Puede ahogarse en el baño aun con poca agua en la tina. El ahogamiento puede ocurrir en segundos. Jamás dejes a un niño solo durante el baño, ni por un momento.
- El niño gatea, se desplaza, se pone de pie. Es el momento de equipar la casa: colocar protectores en las aristas de los muebles, fijar los estantes, poner rejillas en la escalera, protectores en los contactos de electricidad, etcétera.

De los nueve meses al año

- A esta edad el niño ya se desplaza con rapidez. No siempre se sabe dónde está. Por ello se debe hacer una revisión de toda la casa para identificar las medidas de protección que se deben tomar para la seguridad del niño. Nunca dejes productos para mantenimiento doméstico ni medicamentos, a menos que estén bajo llave o colocados en lugares muy altos, fuera de su alcance.
- El niño está muy interesado en la electricidad, los cables, las pequeñas ranuras de las tomas de corriente. Cúbrelas con tapas especiales y nunca dejes rodando por la casa las extensiones eléctricas.
- Verifica periódicamente el estado de los juguetes del niño. No dejes que juegue con juguetes de niños mayores cuando no esté bajo tu vigilancia.

El despertar del bebé

Cómo jugar con tu bebé estimulando sus sentidos y su curiosidad.

Los padres siempre han sabido lo que los científicos demostraron hace unos veinte años: los bebés son hábiles, curiosos y sólo requieren ser alentados en su camino para despertarse al mundo y descubrirlo. Los cinco sentidos están en actividad desde muy temprano, desde antes de su nacimiento. Las capacidades del bebé son muy superiores a lo que hace tiempo se creía. Percibe, desde luego, pero además es capaz de interesarse, apreciar, rechazar y aprender. Sin embargo, el recién nacido no se conforma con reaccionar a su entorno, también actúa sobre las personas y las cosas que lo rodean, pidiendo lo que le conviene y alejándose de lo que le disgusta. Desde el nacimiento, y más aún en el transcurso de los meses, el bebé es parte activa de las relaciones que crea con su entorno. Su relación con el lenguaje es igualmente de notable precocidad. Su apetito por aprender, junto con el deseo de complacer a quienes lo aman, hace del pequeño un joven alumno apasionado, ávido por descubrir todo, nunca demasiado joven para su curiosidad y rápidamente frustrado si se le prohíbe explorar.

¿Es necesario estimular al bebé?

Un bebé con el que solemos hablar, con quien compartimos y jugamos, será capaz de forjarse una personalidad estructurada y en equilibrio. Gracias a las experiencias que va acumulando, desarrollará confianza en los demás y en sí mismo. Sabrá desarrollar plenamente lo mejor de su persona.

Las necesidades fisiológicas del niño consisten en alimentarse y sentir calor. No es necesario insistir al respecto. Ya sea que lo alimenten con pecho o biberón, que lo envuelvan en lana o en seda, todos los padres conocen de manera instintiva la prioridad de dichas necesidades y las atienden, incluso a medianoche. Sin embargo, los niños tienen otras necesidades: desean que se alimente su curiosidad y su alegría de comunicar.

El primer año de vida es a la vez el más activo y el más sensible. En este periodo quedan conformadas todas las grandes adquisiciones, en particular los hábitos específicamente humanos. También se construyen las estructuras de base —los cimientos— sobre las que habrán de sostenerse todas las estructuras ulteriores. No por ello debe pensarse que todo queda fijo y determinado al año, sino más bien que todo lo que se vive y se adquiere durante este periodo es determinante. Nada es suficiente para asegurar el futuro, pero es necesario que este primer año transcurra lo mejor posible, para el futuro del niño.

Conscientes de esto, algunos padres y educadores dedujeron que había que "aprovechar" el primer año para despertar y estimular al niño a cualquier precio, y se han dedicado a prodigar a sus hijos auténticas lecciones destinadas a acelerar su desarrollo. Es conveniente hacer notar a estos padres que el exceso de estimulaciones físicas e intelectuales puede hacer del bebé un niño hiperactivo, ansioso, agitado. El hecho de hacerlo alcanzar tal o cual estadio de desarrollo antes que otros de sus compañeritos conlleva un precio muy alto. ¿De qué sirve? Ya tendrá tiempo para lanzarse a la rivalidad y a la competencia. Todos los bebés saldrán ganando al encontrarse en un medio rico en posibilidades, que les ayude a desarrollar sus maravillosas aptitudes.

El despertar del bebé a lo cotidiano

Los padres atentos al desarrollo de su bebé anhelan ayudarlo en:

- su desarrollo sensorial y corporal, que le permite percibir el mundo que lo rodea y actuar en él;
- su desarrollo intelectual, que le permite comprender las informaciones que recibe, memorizarlas y volver a utilizarlas;
- su desarrollo social y afectivo, que le permite establecer lazos e integrarlos en un intercambio de amor indispensable. Esto último es esencial; porque amas a tu bebé, quieres para él lo mejor y deseas ofrecerle los estímulos que le gustan. Sin embargo, en ocasiones un niño tiene también la necesidad de estar solo, en su cama o en su corral. Aprende a bastarse a sí mismo, a balbucear con sus juguetes y a encontrar su propia autonomía, lo cual es fundamental. Tiene también el derecho de no hacer nada, de permanecer tranquilo, observando y escuchando lo que ocurre a su alrededor. Evita especialmente el activismo y procura crear un ambiente de ternura y de paciencia en torno a tu pequeño.

Estimular los cinco sentidos

Desde el nacimiento, el bebé cuenta con cinco
sentidos, todos eficaces en diferentes ámbitos.
Estos sentidos son las puertas de acceso a través
de las cuales entra en contacto con el mundo.
Despertar los sentidos de tu hijo es abrirle el mundo,
estimular su curiosidad y ayudarlo a desarrollar
su inteligencia.

Existen numerosos juegos sensoriales en los que
puedes participar con tu bebé desarrollándolos en
función de su edad. No olvides los siguientes puntos:
• Todo aprendizaje se desarrolla sólo sobre una base
de amor, respeto y placer compartido.
• El exceso es el enemigo del bien; respeta el ritmo
y los deseos de tu bebé. Algunos minutos de estimulación diariamente son suficientes, sin fatigarlo.
No te fijes meta alguna que no sea el placer del niño
y la respuesta a su necesidad de descubrir. Te ofre-
cemos algunas ideas y explicaciones.

Un desarrollo armonioso

¿El despertar del niño? Ocurre sobre todo
de manera natural, por esa cotidianidad
que comparten los padres con el niño,
compuesto por miles de pequeños
detalles que continuamente se intercam-
bian como son mensajes de amor,
estímulos, ocasiones para descubrir y para aprender de
este mundo que es el suyo.

Hazle descubrir nuevos aromas

A partir de los 5 o 6 meses pásale frente a la nariz
productos con aromas agradables que tengas a la mano,
como son gajos de naranja, frasco de vainilla, loción,
jabón de tocador, canela, pan recién horneado, etcétera.

El olor de sus padres

Los olores corporales de los padres son indispensables
para un bebé, en la medida en que los reconoce y en que
le permiten saber a quién le "pertenecen". No le niegues
ese gusto.

El niño prefiere sus olores naturales, pero si utilizan
perfume o loción para después de rasurarse, usen
siempre el mismo, cuando menos mientras su bebé sea
muy pequeño.

El tacto

Se señalan a continuación algunas prácticas con las
que puedes estimular el tacto de tu niño (consulta
también el capítulo del juego).
• Dale masaje suavemente al cuerpo de tu recién
nacido con las manos untadas con aceite de almendras dulces.
• Cuando sea más grande acaricia sus manos o sus
pies con un cepillo de dientes suave o con un pincel
o brocha de maquillaje.
• Cuando ya sepa manipular dale objetos de texturas
diferentes para que explore lo suave, lo rugoso, lo
blando, lo duro, etc. Reserva para él diversos recortes de textiles o de otros materiales.
• Enfoca tu atención en lo caliente o frío del agua.

El olfato

El olfato, maravillosamente fino y eficaz, es para el recién nacido un sentido totalmente nuevo, que no le había servido en el vientre de su madre. El bebé es sensible a los olores, y la memoria que tiene de ellos ciertamente es superior a la nuestra.

El papel que juegan los olores

Como los animales pequeños, el recién nacido se sirve de los olores para reconocer a las personas. Cuando los sentidos de la vista y del tacto sean más eficaces, el olfato será menos útil y perderá su agudeza. ¿Sabías que un recién nacido, hasta los tres meses, puede diferenciar el olor de su madre del de otra mujer? Cuando se conoce esta competencia perfecta del bebé, se entiende que podemos usarla para comunicarnos con él. ¿Notas cómo le gusta acurrucarse entre tu cuello y el hombro? Allí percibe el olor de su padre o de su madre y está feliz.

Estimular la visión

•Fija fotografías de acercamientos de los rostros de ustedes cerca de la cabecera de la cama de tu niño o cerca de la mesa de cambio.

•Cuelga encima de la cama de tu niño juguetes u objetos de colores vivos que atraigan su atención, como móviles, globos colgados del techo con listones, sonajas.

•No olvides equipar también la parte trasera del automóvil para mantener a tu niño ocupado durante los trayectos.

•Cuando esté en edad de sacudir los objetos, le gustarán los que hacen ruidos o que tienen algún movimiento.

¡Mira, aquí está!

Aun siendo consciente de su existencia y de que su cuerpo es distinto del de su madre, el bebé todavía no está convencido de la permanencia de los objetos. Tiende a creer que lo que él ya no ve, objetos o personas, dejan de existir. No cree que las cosas puedan permanecer idénticas a sí mismas fuera de su vista o de su presencia o simplemente si las mira desde otra perspectiva. No sólo no busca los juguetes que no están cerca de él, sino que tampoco intenta recuperar un objeto que hayas ocultado debajo de un cojín, frente a él.

Estos juegos tan sencillos son importantes para que el niño perciba que las personas y las cosas siguen existiendo fuera de su vista. Te darás cuenta de que ya ha superado esta etapa cuando él retire el trapo para recuperar el conejo luego de que se lo escondiste, cosa que festejarás con grandes risas.

•Muéstrale objetos desde diferentes ángulos (de frente, de lado, al derecho, al revés, de cerca, de lejos, sacudiéndolos) para que se entrene en hacer la síntesis de estas vistas e integre una imagen global de los objetos.

•Jueguen a "¡Mira, aquí está!" Cubre sus ojos con una servilleta, o escóndete detrás de una puerta y descúbrete después varias veces.

Es importante verbalizar al mismo tiempo: "¿Dónde está mamá? ¿Ya se fue? ¡Aquí está!", con evidente mímica y sonrisas. Tendrás la feliz sorpresa de oír cómo se ríe tu bebé a carcajadas cada vez que te descubres, al tiempo que integras nociones de realidad física fundamentales.

Otra sugerencia

En una etapa subsiguiente repite este juego con un juguete, una sonaja o un animal de peluche, cualquier cosa que le guste mucho al bebé. Mientras el niño observa, escóndelo debajo de una sábana, bajo la cama o debajo de un cojín, diciendo siempre: "Mira, estoy poniendo el conejo detrás de la sábana. ¿Dónde está el conejo? ¿Ha desaparecido? No, ¡aquí está!"

La vista

El recién nacido sólo ve bien lo que está frente a él, a unos veinte centímetros de su rostro. Al bebé le encantará que enriquezcas su universo visual con móviles y cartelones que se renueven periódicamente; globos que, suspendidos en listones, se mueven con el aire; juguetes de vivos colores; un espejo al lado de su camita, etcétera.

La vista: un sentido que evoluciona

La vista es el sentido que más tarda en madurar. Ya nadie piensa, como antes, que los niños nacen ciegos, pero sí es cierto que su agudeza visual es imperfecta cuando nacen y que en el transcurso de varios meses se irá perfeccionando: los músculos que mueven los ojos se fortalecen, se desarrolla la visión de los colores y el niño aprende a ver en relieve.

Durante las primeras semanas la visión del bebé es limitada, pero suficiente para ver bien el rostro de una persona que se aproxima a él. Percibe los objetos frente a él, a veinte o treinta centímetros de su cara, y aprende poco a poco a seguir con los ojos un objeto que se desplaza lentamente frente a él. La percepción de los colores se establece a lo largo de los tres primeros meses; el bebé percibe mejor los colores vivos y contrastantes. La visión en relieve, en tres dimensiones, no será perfecta antes de los cuatro meses.

La audición

Al bebé le gusta la música y su iniciación musical puede llevarse a cabo desde el nacimiento. Música clásica o canciones, también grabaciones de cantos de aves, ruidos de animales o músicas folklóricas, sonidos de la vida diaria y palabras dulces murmuradas al oído.

Jugar con los sonidos

Los bebés oyen perfectamente bien desde su nacimiento, aunque en ocasiones no lo parezca. Su atención auditiva es breve pero les gusta mucho escuchar contigo diferentes sonidos.

Así como el ruido del teléfono, de la aspiradora y de un estornudo puede hacerlo llorar porque tiene un oído fino y sensible, los registros de la voz de su madre y los ruidos de la casa le gustan.

La voz

Entre todos los sonidos a su alrededor, el bebé prefiere los de la voz humana, lo que indica con claridad su deseo de comunicar. Pero, cuidado, no cualquier voz. Una voz violenta y agresiva puede hacerlos llorar. Una voz fría, sin afecto, puede hacerlo replegarse dentro de sí mismo. Una voz de adulto que platica con otros adultos puede serle indiferente.

Lo que al bebé realmente le gusta son las voces dulces, bien timbradas, que de modo natural se hacen más agudas para dirigirse a él, que al tiempo que se le mira a los ojos le hablan con ternura, con palabras sencillas, que atañen a un bebé, o una voz que le murmura una dulce canción.

La música

El pequeño ama la música suave, en especial la música clásica. Se ha descubierto que algunos preludios de Bach son a tal grado eficaces para calmar y encantar a los pequeños que, en la actualidad, se hace uso de ellos de manera sistemática en numerosos servicios de maternidad norteamericanos. A la música clásica se le han atribuido numerosos poderes sobre los niños y es seguro que le hará bien al tuyo escuchar fragmentos de música suave, los que a ti te gusten, sin forzar mucho el sonido.

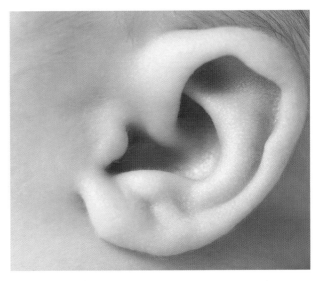

¿Cantas? Tanto mejor. No dudes en hacerlo aunque no estés segura de la calidad de tus cuerdas vocales. Tu bebé estará encantado de disfrutar simultáneamente el placer de escuchar tu voz y la música.

Los sonidos

Al bebé le gustan los sonidos, siempre que sean divertidos, sorprendentes, suaves, novedosos. Toda ocasión es buena para ejercitar su oído. Prohibidos los ruidos fuertes, violentos, agresivos, desagradables a su oído todavía nuevo.

- No a la música como rock pesado, los gritos, los timbres.
- Sí a la sonaja, la campanilla, los cascabeles, el tic-tac del reloj, el papel que se arruga cerca del oído, el tintineo de un cuchillo que golpetea vasos y copas, los ruidos de la boca o los dedos, etcétera.

El gusto

Desde el nacimiento, el bebé prefiere lo dulce. La leche materna tiene sabores distintos según la alimentación de la madre. La leche en polvo siempre sabe igual, a menos que decidas darle un ligero toque de sabor. A los muy pequeños se les puede variar la composición del jugo de fruta. Para los más grandes, la composición de la sopa de legumbres será diferente cada día. No mezclarlas permite que conozcan mejor su sabor.

Sin dejar de respetar la gran sensibilidad gustativa de los pequeños, poco a poco se les pueden dar a probar cosas diferentes con la punta de los dedos.

Los placeres de la boca

A lo largo del primer año puedes variar al máximo los sabores que prueba tu bebé; ¡vas a desarrollarle buen gusto! Varía las legumbres, las frutas (incluso las exóticas), los olores de los cereales para el biberón, las especias en la sopa, etc.

¿Estás comiendo salsa de jitomate o helado de fresa? Haz que los pruebe. Con frecuencia quedarás sorprendida de sus reacciones.

La conciencia del cuerpo

Paulatinamente el bebé adquiere un sentido de identidad propia, conoce bien los límites de su cuerpo y comprende lo que es "yo" y "no yo".

La fase del espejo

Esta etapa del desarrollo del niño es importante. Al inicio de su vida el bebé no tiene conciencia global de su cuerpo. No se percibe como diferente de su madre, y sus manos le parecen juguetes singulares. Paulatinamente adquiere un sentido de identidad propia, conoce bien los límites de su cuerpo y comprende lo que es "yo" y "no yo".

Esta etapa ha sido definida como "la fase del espejo" porque es el momento en el que, al mirarse en un espejo, el bebé reconoce su imagen e identifica conscientemente la totalidad de su cuerpo como algo que le pertenece.

Una idea: un espejo para favorecer la conciencia del esquema corporal

No dudes poner un espejo en el cuarto de tu niño desde su más tierna edad. Desde el principio, es para él objeto de interés y balbuceos. Después lo ayuda para tomar conciencia de su "esquema corporal", que no es sino la imagen que se forma de su propio cuerpo. Pero ten cuidado:

- Escoge un espejo irrompible.
- Escoge uno que sea suficientemente grande para que el niño se pueda mirar de cuerpo entero y no en partes.
- Fíjalo en una pared, a nivel del suelo.
- Cuando estés frente al espejo, no refuerces su confusión entre la persona y su reflejo, dile, por ejemplo, mostrando el espejo: "Ésta es mamá, éste es bebé". Es necesario hacer la distinción tocándole el vientre con tus dedos: "Éste es bebé" y luego, señalando el espejo, "Ésta es la imagen de bebé". Del mismo modo, esfuérzate en hacer la distinción entre "Mamá" y "la imagen de mamá". Tú sabes que la imagen no es la persona, pero tu niño no distingue esta diferencia.

¿A qué edad se reconoce el niño?

No hay acuerdo respecto de cuál es la edad en la que el niño alcanza esta fase. Alrededor de los cuatro meses el niño se entusiasma ante su propia imagen, pero de la misma manera como lo haría si apareciera otro niño. Si su madre se sitúa atrás de él y aparece en el espejo, es evidente que la reconoce. Esto es el inicio del reconocimiento de sí mismo.

Hacia los siete u ocho meses las cosas se vuelven más precisas. El niño ya ha explorado su cuerpo durante largo tiempo, con sus manos o con su boca. Ya ha aprendido a valerse de ellas. Conoce bien la fisonomía de aquellos a quien ama y responde a su nombre. A esta edad el bebé muestra un marcado interés por el espejo. Le habla a su reflejo y empieza a gesticular. No cabe duda, empieza a reconocer su propia imagen. Esta fase ha ganado valor de símbolo, prueba que el niño logra tener conciencia de su persona, pero esta conciencia no se define de un día para otro. Si bien el niño parece reconocerse entre los seis y ocho meses, será hasta los dos años en promedio cuando se puede tener certeza de que el niño diferencia su propio cuerpo de la imagen que el espejo le devuelve.

¿Cómo saber si el bebé ha llegado o no a la fase del espejo?

Los especialistas recurren a algunos "trucos" para determinar cuál es el conocimiento que el niño tiene del espejo. Los padres pueden probarlos (¡sin que se les garantice nada!). Aquí hay dos de ellos:

- Sienta al bebé frente al espejo, y sin hacer ruido acércate a él por detrás, de modo que el bebé te vea reflejada en el espejo (sin haberte oído acercarte). Si voltea es porque ha comprendido la función del reflejo. Si no voltea es porque cree todavía que su madre está frente a él.

¿Derecho o zurdo?

Muchos de los niños de esta edad son todavía ambidiestros. La manipulación con una mano o con otra no es siempre simétrica o puede parecer que una mano domina a otra, sin que ello sea determinante.

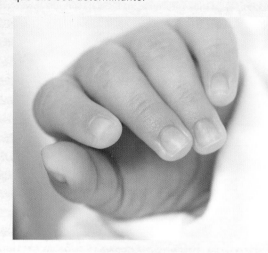

En estos casos, poco claros, puede ser que el niño persista en usar de manera similar ambas manos hasta la edad de dos o tres años. Las más de las veces, esto no le creará ningún problema. Podrá, por ejemplo, tomar su lápiz con la mano derecha, pero su cuchara con la mano izquierda o bien tanto con una mano como con la otra. En otros niños, la lateralización (la determinación de la mano dominante) se define tempranamente y es muy evidente. Las dos manos ya no tienen el mismo papel. Mientras una toma un objeto, la otra manipula o experimenta. Puede ser que prefiera claramente una mano respecto de la otra para todas las tareas que requieren precisión como voltear, lanzar, atrapar, ensartar. Esta preferencia no se limita sólo a la mano, sino con frecuencia también al ojo o al pie del mismo lado. Se desarrolla entonces un lado activo del cuerpo y otro más pasivo. Si observas esto, tal vez sea bueno que incites a tu niño a usar la mano "olvidada" para que ésta no permanezca inmóvil.

• Con un lápiz labial, sin que se dé cuenta píntale una raya roja en la frente. Tómalo en brazos y acomódense ambos frente al espejo. El día que el niño se lleve espontáneamente la mano a la frente para tocar la raya, sabrás que está convencido de estar frente a su imagen y que ha alcanzado la famosa "fase del espejo".

Exploración y curiosidad

Cuanto más crece el bebé, más tiempo dedica a mirar a su alrededor y a internarse en su ambiente. A los tres meses, en su sillita, le gusta seguirte de cuarto en cuarto para verte en tus ocupaciones. Dedica menos tiempo a dormir y más a mirar a su alrededor. Le gusta seguirte por toda la casa, pero también ir a pasear y descubrir las cosas interesantes de la calle. Si llevas a pasear al bebé en un cochecito, debes levantarlo para que, semisentado, pueda ver lo que pasa a su alrededor. De otra manera, acostado boca abajo con la cabeza en el fondo del cochecito, el paseo pierde mucho interés para el bebé.

Ya más grande duerme menos y tiene más tiempo para observar su entorno. Le gusta pasear y descubrir aún más los placeres de la calle o del parque. Después es capaz de asir las cosas y de desplazarse solo: su deseo de descubrir ya no tiene límites.

La curiosidad es vital para un bebé. Es la fuerza que lo empuja a aprender y a lanzarse al descubrimiento de su mundo. Va a poner en ello una energía enorme. Si esta curiosidad determina un gusto y un enriquecimiento, seguirá viva a lo largo de toda su

infancia. Ésta es la inteligencia del niño: la fuerza con la que poco a poco va a ir al encuentro de su mundo, a tratar de comprenderlo y modificarlo. Multiplicando las experiencias y las exploraciones, el bebé va a reconocer e interiorizar una suma inimaginable de conocimientos.

¿Tienes un niño normal? Entonces, de aquí a un año, no habrá libro de la biblioteca que no haya tirado, una toma de corriente eléctrica que no haya explorado, un cesto, un cajón o un bolso que no haya vaciado, una hoja que no haya arrancado, un aparato que no haya encendido. ¡Regocíjate! Tienes un niño lleno de ideas, chispeante de vida e inteligencia. Para no tener que seguirlo paso a paso durante todo el día, la única solución es disponer todo el espacio de la casa en función del niño, de su curiosidad y su iniciativa.

Los bebés nadadores

La expresión se presta a mucha confusión; puede hacer pensar que tu bebé va a tomar clases para aprender a nadar, pero no se trata de eso. Un niño no es capaz de aprender a nadar, en sentido estricto, con la suficiente coordinación motora antes de los cinco a siete años.

Los bebés nadadores: favorecer el desarrollo pleno del niño

Se tienen que respetar absolutamente las condiciones de comodidad y de seguridad:

- que el agua esté lo suficientemente caliente, alrededor de 32 °C;
- que el baño sea breve, de 15 a 20 minutos;
- que le ofrezcas una buena comida una hora antes del baño para evitar el riesgo de hipoglucemia;
- que le hayas aplicado ya dos inyecciones de las vacunas contra difteria, tétanos, tos ferina y polio.

Aquí la idea es diferente, y surge de la evidencia de que el bebé, que ha vivido toda la primera parte de su vida en el agua, puede desplazarse en ella de manera natural y con regocijo. Si llevamos a la piscina a un bebé entre los cuatro y seis meses, aún no habrá olvidado estas sensaciones. No sólo no tiene miedo al agua, sino que se siente seguro en ella, capaz de explorar y adaptarse a este "nuevo" medio de la misma manera que explora su ambiente en el hogar.

La seguridad del niño

Por último, se explican enseguida las precauciones para que tu bebé se sienta seguro de sí al máximo:

- Entrar al agua con él, sosteniéndolo bajo las axilas o contra tu vientre, mirándose a los ojos.
- Localizar y estar con los juguetes, manipularlos, pasar a otro juguete o juego.
- Encontrar el equilibrio exacto en el colchón flotante.
- Sentir poco a poco el deseo de alejarse de su progenitor para ir a jugar, etc. La inmersión total es una etapa más tardía, a la que el niño no llega en tanto no la desea, ya que debe ser una meta fija. Te sorprenderá la facilidad natural y la alegría del bebé. Dirígete a alguna escuela o institución de natación infantil para más información.

Todo ello a condición de que el bebé esté acompañado siempre por alguno de sus padres, y por ende seguro afectivamente para que no tengas que preocuparte más que de verlo feliz en el agua.

El descubrimiento del agua debe pasar por el juego, el intercambio, el placer. De nuevo, no se trata sólo de ser "eficaz", sino de favorecer tanto como sea posible el desenvolvimiento del pequeño en este nuevo medio. Por ello siempre es preferible integrarse a un club o un grupo de padres e hijos, en lugar de que lleves al niño solo a la piscina. Así, tanto tú como el bebé serán bienvenidos en una piscina tibia y provista de numerosos juguetes, flotadores y colchones flotantes.

Los inicios del habla

Comunicarte con tu bebé.
La risa, el balbuceo, las primeras palabras.

A lo largo de su primer año, el bebé cuenta con un tipo de inteligencia que Jean Piaget denominó "sensorial y motora". Esto significa que lo esencial de sus descubrimientos y su aprendizaje pasa por los sentidos y por el cuerpo; el niño necesita manipular objetos para poder entender. Explora y desarrolla los esquemas de comportamiento necesarios para una inteligencia práctica. Al manipular las cosas, el niño aprende a orientarse, a distinguir lo habitual de lo diferente y a comprender las secuencias de sus acciones. Más adelante, su adaptación intelectual lo llevará de lo concreto a lo abstracto, de lo simple a lo complejo, del objeto real a su símbolo.

Sin embargo, el bebé comunica desde el momento en que nace y, con el paso de los meses, se van organizando tanto la trama de la comunicación como las bases del habla.

Favorecer la comunicación

Para desarrollar la comunicación, el niño sólo necesita encontrarse en un ambiente enriquecedor que pueda explorar sin peligros. Sin embargo, no hay que olvidar el papel que juegan la transmisión cultural y social, así como las minúsculas acciones que conforman la vida cotidiana.

Estimular el progreso de tu bebé

Despertar la inteligencia de tu bebé de menos de un año no quiere decir "enseñarle" cualquier cosa, sino introducirlo en nuestro mundo y ayudarlo a encontrarle sentido. Participar juntos en esto, como nombrar para él los objetos y las actividades, alentar todo progreso, apoyarlo en sus tentativas, felicitarlo por el más mínimo logro, todo contribuirá al desarrollo de tu hijo.

Tanto en éste como en otros ámbitos, nunca hay que olvidar que todos los niños son diferentes y que el ritmo de sus adquisiciones es muy variable. A los periodos de adquisiciones les siguen fases de consolidación más discretas. Si acompañamos al niño, compartimos y jugamos con él, estimularemos su inteligencia; pero si lo forzamos, corremos el riesgo de bloquearla.

Comunicarte con tu bebé

A lo largo de sus seis primeros meses de vida, el bebé emite sonidos, balbuceos, hace mímicas y gesticulaciones. Es sumamente importante responderle y hacerlo partícipe de un tierno diálogo. La madre habla, le hace alguna pregunta a su bebé, después guarda silencio durante unos segundos y el bebé "responde" a su manera, con los únicos medios de que dispone.

Esta capacidad de entrar en comunicación es la más importante de las "nuevas aptitudes de los bebés" que ha sido posible poner en evidencia. El bebé dispone de una gran sensibilidad para percibir y reconocer lo que viene de la madre (su voz, su olor, su contacto, el estado de ánimo en el que se encuentra). Esto le abre una amplia gama de aptitudes y emociones que a su vez provocan como respuesta comportamientos y emociones por parte de la madre o del adulto que se ocupa del niño.

El papel de la mirada

Desde los primeros días, la mirada juega un papel esencial. El contacto frente a frente, a los ojos, es sumamente importante para el bebé. Desde que nace es muy sensible a la mirada: si la mamá mira al bebé de frente, él pestañea, abre la boca y agita los brazos, como signo de respuesta.

A un bebé que toma el pecho o el biberón le gusta fijar su mirada en la de su madre. Cuando ella le habla, él la comprende y la escucha mejor si ella permanece enfrente de su niño, si guarda un contacto visual con él y le sonríe.

Algunas investigaciones han demostrado incluso que esta actitud, que consiste en el diálogo con el bebé directo a los ojos, favorece en él la capacidad de crear más adelante buenas relaciones con la gente.

La importancia de la palabra

Mucha gente todavía piensa que es inútil, incluso ridículo, hablarle a un bebé, en la medida en la que él no te va a entender. Ahora bien:

- No hay nada que indique que el bebé no comprenda; aunque no conoce exactamente el sentido de las palabras, percibe el contenido a través de una interpretación muy fina de lo "no dicho" que son las entonaciones, las mímicas y el tono de la voz.
- Aun si no comprende, hay que hablarle, justamente para que aprenda. La aptitud del habla está presente en todo ser humano de manera innata. Aprenderá a hablar sin dificultad a condición de que haya encontrado a su alrededor, a la edad requerida, la "palabra" necesaria, variada, tierna y llena de sentido. No sólo la aptitud de base será letra muerta si, desde la más tierna edad, el niño no está integrado en un proceso de comunicación verbal, sino que también la adquisición del habla está directamente relacionada con la cantidad y la calidad de lo que haya escuchado. El habla es lo que hace de nosotros seres humanos. Hablarle al niño es respetarlo e integrarlo en la comunidad humana.

Es una reacción en cadena. El fino sistema sensorial del bebé, su sensibilidad afectiva y social y los estímulos del entorno crean las condiciones necesarias para que se establezca un diálogo capaz de crear el apego afectivo. Esto reconforta a la madre en su papel, dándole la certeza de que su hijo la ama. Asimismo, ella reconforta al niño haciéndole sentir que es bienvenido, acogido y amado.

Algunos mensajes del bebé no son fáciles de decodificar, especialmente su llanto cuando se ignora la causa. Es más difícil comprender a algunos niños que a otros. Pero todos tienen un deseo de contacto y de intercambio. De ahí que la recepción de los mensajes, el diálogo y la comprensión se vayan afinando en el transcurso de las semanas.

Un diálogo que nace poco a poco

Cuando tu bebé está tranquilo, cuando está a gusto con su cuerpo porque no tiene ni hambre ni sueño ni está incómodo, puedes entablar con él verdaderos diálogos. Ese proceso de "afinación" entre madre e hijo se construye progresivamente en el curso de las primeras semanas. Está construido de pequeñeces, todas muy importantes, en las que ambos aprenden a conocerse. Se necesita tiempo para identificar los ritmos del niño, la razón de su llanto y para comprender las señales que emite. Una madre atenta y dispuesta sabrá responder rápido con una sonrisa, un gesto, una frase, a los intentos que hace su bebé para entrar en contacto.

El niño, por su parte, de este modo sabrá cuál actitud desencadenará cuál reacción. Sabrá solicitar la ternura y el diálogo. Gracias a esos intercambios repetidos, tiernos, aprenderá a conocer su universo. Porque le responderán, de manera adaptada a sus peticiones, sabrá que es amado y se sentirá en confianza.

Esas primeras palabras que le diriges, esas palabras dulces que le atañen directamente, son tan importantes como las caricias. Lo integran al mundo de los humanos y lo ayudan a construir su personalidad futura.

Acostumbrarse a dialogar con tu hijo

Es importante que te acostumbres a dialogar con tu bebé lo más pronto posible. No creas a quienes dicen que no entiende nada. Esos juegos de voces y esa interacción entre madre e hijo son la base de su habla futura y de su seguridad interna.

Tu bebé ríe a carcajadas

El día en el que el bebé se ríe a carcajadas por primera vez es una fecha importante.

Con frecuencia, él mismo parece asombrado por ese sonido nuevo e incongruente. Hasta entonces, se reía con la boca bien abierta pero... no se oía nada. Y de repente, en respuesta a unas cosquillas, esa risa un tanto ronca brota y regocija a toda la familia.

Existe cierto movimiento que a los bebés les encanta y que los hace reír a carcajadas, sin que se conozca realmente el porqué. Te toca a ti probar.

- Cuando el bebé está acostado boca arriba frente a ti, en la mesa de cambio por ejemplo, toma sus manos en las suyas.
- Estira tus brazos a todo lo largo hacia los lados y después, simultáneamente, regrésalas hacia adentro cruzándolas sobre tu pecho.
- Abre los dos brazos, después crúzalos de nuevo cambiando el sentido (el otro brazo encima).
- Repítelo otra vez tres o cuatro veces, mientras a tu bebé le cause placer.

¡Si termina con una serie de besitos en el vientre, el éxito está garantizado!

Háblale, hazle preguntas: "¡Buenos días, Sofía! Es papá. ¿Dormiste bien? Ven, te cargo por un momento". Utiliza palabras sencillas, sin miedo a "hablar como bebé" si eso te sale de manera natural. De ser necesario, exagera tus expresiones y tus mímicas. Verás cómo tu bebé se ilumina de felicidad y te sonríe. Verás también cómo intenta imitar tus gestos y expresiones.

¿Por qué es tan importante hablarle?

Una razón es el placer que tú y tu niño experimentan con esos tiernos diálogos. Otra es que ¡es la única manera de enseñarle a hablar!

Ponte enfrente de tu niño para que él vea bien tu rostro y dialoga con él, tú con tus palabras, él con sus balbuceos y sonrisas: es la mejor manera de acostumbrarlo a los sonidos y a las palabras, y también la mejor manera de enseñarle las mímicas que son el lenguaje no verbal de su propia cultura. Muy rápido el niño sabrá descifrar el placer en el rostro de mamá, el amor, la ternura, ¡pero sobre todo si estás irritada, fatigada o enojada!

Tu bebé también te habla, los intercambios entre ambos son un verdadero diálogo. Empieza emitiendo sonidos, escuchándolos con sorpresa, después vuelve a empezar y poco a poco se pone a jugar con esa voz que está descubriendo. Respóndele y, a su vez, balbucea. Verás que esos maravillosos diálogos que se encadenan son un gran placer para el bebé. Imítalo y él te imitará. Puedes entonces hacerle descubrir nuevas sonoridades.

Puedes hablar y dialogar con tu bebé en todas las ocasiones en las que estés con él. Cuando hagas algo con él, como vestirlo, cambiarlo o preparar su comida, cuéntale lo que estás haciendo.

Enséñale objetos que estén a tu alrededor y nómbralos, explícale sus acciones, hazle preguntas y dale tiempo para que responda. Te responde con gran variedad de sonidos y además con una atención sostenida que te estimula a continuar con el intercambio.

No tienes por qué forzarte a simplificar en exceso tu vocabulario; habla de manera sencilla, normal y él te entenderá.

Tampoco temas ser repetitiva; la repetición es un factor importante del aprendizaje y los niños parecen apreciarlo.

Finalmente, un diálogo no es un mar de palabras ininterrumpido, expresa palabras reales, palabras que tengan un sentido para el niño, y reserva momentos de silencio para que él pueda tomar parte en la "conversación".

¿Es necesario hablarle como bebé?

Antes de determinar la manera en la que conviene hablarle a un bebé, diría que lo único necesario es, sencillamente, hablarle. El niño no tiene preferencias. No le costará más trabajo entender "gato" en vez de "minino", "mano" en vez de "manita". Usará la palabra que tú uses. Si empieza a decir "el guau-guau" en vez de decir "el perro" es porque sus cuerdas vocales todavía están inmaduras y ese "guau-guau" significa mucho más que sólo la palabra perro. Pero muy rápido, él mismo dejará de usarla para sustituirla por la palabra adecuada si en lugar de retomar esa palabra le respondes: "Ah, sí, reconociste bien al perro, ¡bravo!".

Enseñarle una palabra "de bebé" tiene un inconveniente: el niño tendrá que "desaprenderla" un día para usar la palabra correcta. Entonces, ¿por qué no usar desde el inicio esta última? Sin por ello emplear un vocabulario y giros sofisticados, siempre es preferible utilizar palabras precisas. Lo esencial es siempre hablar con (y no solamente "a") tu niño de manera natural, interesada y de acuerdo con la realidad. No dudes que él te entienda.

¿Cómo favorecer el habla?

- Háblale al bebé aunque sea muy pequeño. Dile todo lo que estás haciendo, pon en palabras lo que él experimenta, háblale de tu vida cotidiana. En silencio dale tiempo al bebé de "responder", porque no se trata de "embriagarlo" de palabras.
- Es inútil hablar "como bebé" para que tu niño entienda ya que la lengua de todos los días le conviene muy bien. Pero eso no quiere decir que te prives de todas las palabritas dulces que cada familia inventa y que hacen su propia cultura.
- Haz el esfuerzo de comprender lo que tu niño intenta decir pues él se esfuerza para expresarse y se siente muy frustrado cuando no consigue comunicarse.
- No vaciles en hablar actuando un poco, articulando bien, jugando con las expresiones faciales y poniendo alegría en tu voz.
- No descuides las enfermedades otorrinolaringológicas, como las anginas o la otitis, y consulta a un pediatra si tu bebé balbucea cada vez menos después de los seis meses. Quizá no oye bien.
- Tu niño hablará cuando esté decidido y ya. Así pues, es inútil comparar su forma de reaccionar con la de otros niños.

En conclusión

- Es indiscutible que el bebé necesita que le hablen y lo escuchen, acompañándolo, desde temprana edad, en su balbuceo y en sus producciones vocales. En esos momentos es importante saber hablarle como "bebé".
- Además de eso, hay que dirigirse a él con palabras y frases del habla común. ¿Cómo lo aprendería de otra manera? No se trata de aturdirlo con palabras, sumergiéndolo en un discurso ininterrumpido en el que ya no tendría su lugar; ¡no se aprende a comunicar escuchando la radio! Se trata de dirigirse a él para hablarle de lo que le concierne, de palabras de su vida.

Dile que son las ocho y que muy pronto se irá a acostar, que su biberón ya va a estar listo. Dile cómo se llaman las partes de su cuerpo o los objetos que están a su alrededor. Confiésale que estás muy cansada, que tienes la impresión de que él está resfriado. Pregúntale si le gusta tal legumbre o si piensa que tal flor huele bien. Exprésale tu amor y dile que su nariz te parece encantadora, etc., a lo largo de toda su vida.

Ese cálido diálogo le dará confianza. Escuchar tu voz desde otra habitación lo tranquilizará respecto a tu ausencia, al igual que una frase como: "Espérame, ya voy". Estas palabras le darán el valor para afrontar una realidad muy misteriosa e inquietante. Tus comentarios reconfortantes lo ayudarán a soportar la espera y las frustraciones de su existencia.

La palabra

La aparición del habla en el bebé tiene algo fascinante. Durante varios meses, los intercambios se llevan a cabo mediante signos no verbales, gritos, balbuceos y gesticulaciones. Después uno se percata de que el bebé entiende cada vez mejor lo que uno le dice, aunque todavía se exprese poco. Y por fin aparecen los primeros vocablos, torpes y difícilmente reconocibles, abriendo las vías a la palabra y al verdadero diálogo.

El balbuceo

Al principio las producciones del bebé se limitan a la emisión de vocales (*a*, *e*, *i*, *o*, *u*). Después aparecen las consonantes, que enriquecen el vocabulario (*pi*, *pa*, *bi*, *bo*, *mo*, *ma*). Como algunas sílabas parecen palabras que te gustaría oír pronunciar (*pa* para papá, *ma* para mamá), a veces, inconscientemente, vas a

reforzar la producción de dichas sílabas. A tal punto que tu bebé muy pronto se servirá de ellas para poder llamarte.

Finalmente, el niño se entrena en la imitación de las entonaciones y acentos de su madre. Los reconoces tan claramente como cuando finges hablar una lengua extranjera; también él reconoce la tonada antes de tener las palabras...

Las primeras sílabas

Muy pronto empiezan a aparecer diferencias importantes de un niño a otro en el uso del habla. No obstante, esas diferencias no son significativas respecto a las etapas ulteriores. Lo esencial es que el niño sepa comunicar y que pueda darse a entender en cuanto a lo que desea o no.

Por lo demás, ¿cuándo empieza a hablar un niño? Una madre dirá que su hijo sabe hablar el día en que es capaz de pronunciar sílabas sencillas o repetidas (*tata*, *po*, etc.) que ella misma entiende o interpreta,

Cómo se desarrolla el habla

- Desde el nacimiento el bebé se expresa mediante producciones sonoras diversas, pequeños gritos, llantos y sonidos guturales... Algunos son signo de incomodidad, otros de placer. El bebé ya es más sensible al habla que a cualquier otro sonido.
- Hacia los dos meses se instala una fase de sonidos guturales y balbuceos que el bebé produce en respuesta al habla o a las preguntas, como esbozando un diálogo.
- Entre los tres y cuatro meses los sonidos que produce parecen vocales, predominando la *o*, la *a* y la *e*. Esos "auue" más o menos prolongados se enriquecen progresivamente con consonantes. El niño puede reproducir, en dulces diálogos, melodías simples que imitan el habla.
- A los seis o siete meses el bebé combina vocales y consonantes. "Baba, papa, mama" son algunas de las sílabas repetidas con las que el niño se ejercita y que harán la felicidad de los padres.
- Entre los ocho y los diez meses, el bebé sigue balbuceando y enriqueciendo progresivamente la gama de sonidos que puede emitir. Está muy atento al habla y parece aprender de manera interna.
- Finalmente, en el último trimestre del primer año, el niño cuenta con la capacidad intelectual y física de hablar. Dice sus primeras palabras reales, las cuales escoge entre lo que tiene mayor significado para él (el nombre de sus familiares, del animal doméstico o de sus objetos favoritos).

El balbuceo

No te sorprenda si oyes hablar solo a tu bebé cuando está en calma y tranquilo en su cama. Los sonidos que produce lo divierten y lo sorprenden ya que se sirve de su voz como instrumento musical. Cuando lo oigas vocalizar, piensa que está ensayando sus escalas musicales. Pero no está solo, ya que habla con gusto a sus juguetes. Si pones un espejo cerca de su cama, probablemente también hablará con su reflejo, ¡ese pequeño compañero que responde muy bien a las mímicas que le dirijan! Después te hablará a ti en cuanto te instales frente a él y entables la conversación.

y que por ende asocia con palabras. Otra dirá que su niño habla hasta el día en que emite palabras correctas, pronunciadas sin ambigüedad y asociadas con su significado exacto. Poco importa; lo esencial es poder dialogar. Cada niño, a su manera, es único y maravilloso.

En el transcurso de los meses pasados, el bebé logró afinar su capacidad de imitación. Puede entretenerse repitiendo gran cantidad de sonidos o de onomatopeyas. Hay sílabas predilectas que puede repetir por mucho tiempo. "Tata" o "agú" pueden significar al mismo tiempo "aquí" o "quiero eso" o "tengo hambre".

De igual modo, es posible que el bebé pase mucho tiempo hablando una lengua incomprensible, pero en la cual se pueden reconocer claramente los mismos acentos e inflexiones de los discursos adultos.

Por último, antes del año algunos bebés ya disponen de algunas palabras inteligibles que han adquirido un significado preciso. Una misma palabra, "ga" para "gato", por ejemplo, puede significar "mira, un gato", "¿dónde está el gato?", "¿ese animal es un gato?", etcétera.

¿Cómo llegan las primeras palabras?

El bebé que juega a pronunciar "papapa..." o "mamama..." rápido percibe el placer y los estímulos de su padre y de su madre, felices de que los nombre. El niño, estimulado por la respuesta dada a "mamama...", volverá a hacer los mismos sonidos para producir los mismos efectos, se servirá de ellos para hacer que sus padres vengan si no están presentes.

Estamos todavía lejos de un habla verdadero que permita al niño expresar con palabras lo que desea comunicar, pero éste es el inicio y es totalmente evidente.

¡Cuidado! No hay que correr el riesgo de confundir lo que los pequeños son capaces de decir con lo que pueden comprender. Los padres lo saben bien cuando dicen de su niño, el cual aún no habla, que "entiende todo".

En efecto, si bien el "habla activo", es decir el que el niño emite, depende de la madurez de su sistema fónico y necesita un largo periodo de entrenamiento, el "habla pasivo", aquél que el niño es capaz de comprender, es mucho más vasto de lo que imaginamos.

Hacia el final del primer año el niño conoce la función simbólica de las palabras, sabe que hacen posible nombrar el objeto presente, pero que igualmente permite evocar el objeto ausente y nombrar la imagen de su representación. Tiene un gran vocabulario, compuesto de nombres comunes simples, pero también de acciones, adverbios e ideas. Es capaz de obedecer instrucciones tales como "tomar el suéter azul que está sobre la silla", lo que supone ya una comprensión de gran complejidad.

Hablarle en dos idiomas

La cuestión surge generalmente cuando los padres tienen una lengua materna distinta o cuando, siendo de la misma nacionalidad, viven juntos en otro país.

Los padres se preguntan regularmente si es bueno hablarle dos idiomas a su bebé y si esto perjudicará sus aprendizajes o su equilibrio.

Los estudios recientes demuestran que no, sobre todo si una lengua domina claramente sobre la otra. Los bebés más pequeños tienen un "don" innato para las lenguas. La estructura de su pensamiento y de sus cuerdas vocales se determinará en función de la lengua materna que oigan y hablen. Esto explica que un idioma aprendido una vez pasada la infancia, nunca pueda aprenderse perfectamente. De ahí se entiende la riqueza que puede constituir para el niño la posibilidad de no verse restringido a un solo sistema de pensamiento y palabra. En la era de la co-

Siempre es preferible partir del objeto concreto más que del dibujo. El procedimiento adecuado consiste en empezar con el cuerpo del niño. "Aquí está tu mano", después "Ésta es mi mano, la mano de mamá". Toma una muñeca: "Aquí está la mano de la muñeca. Enséñame la mano de la muñeca".

Después toma un objeto familiar para el niño, por ejemplo su biberón. Nómbralo y muéstraselo: "Aquí está tu biberón. Te preparo el biberón". Después sin que el objeto esté presente: "¿Dónde está tu biberón? Espera, voy a buscar tu biberón a la cocina. Aquí está, mira". Finalmente muéstrale dibujos en el libro infantil diciendo: "Ves, eso es el dibujo del biberón, es el biberón".

Algún día que el biberón esté en la mesa, frente a él, pregúntale: "¿Dónde está tu biberón? Enséñamelo". Así te asegurarás de que tu pequeño conoce el sentido de la palabra.

Por último, cuando haya superado la etapa anterior, únicamente enséñale el dibujo y pregúntale: "¿Dónde está el biberón? Enséñamelo".

municación se puede decir que los niños —cuyos padres han hablado en dos idiomas— desde una edad temprana tienen mucha suerte, ya que aprendieron sin esfuerzo lo que a otros les tomará años de trabajo.

Dar muestra de paciencia y comprensión

Aprender a dominar dos idiomas es, a pesar de todo, una dificultad adicional para el niño. Por eso son indispensables la paciencia y la comprensión. Pero si las cosas se hacen naturalmente y no se espera ninguna proeza por parte del niño, no es necesario establecer una edad mínima para empezar.

Para que el bebé aprenda simultáneamente dos idiomas, sin que a la larga manifieste un rechazo, hay dos reglas parecen importantes. Por una parte, es necesario que cada uno de los padres le hable a su hijo en la lengua con la que se sienta seguro, de manera que no dañe la comunicación. Por otra parte, habrá que dejar que el niño emplee la lengua que desee cuando hable.

Sin embargo, parece que los casos en donde los padres hablan la misma lengua y el niño aprende un segundo idioma en otro lado (la nana, el maternal, la guardería, etc.), son más fáciles de manejar para él. Resulta más fácil hacer la distinción entre la lengua familiar, materna, y la lengua social, externa. Sea como sea, también en este caso lo esencial es darle prioridad a la comunicación real con tu bebé, lo que significa hablarle en aquel idioma en el que las palabras de dulzura surjan de manera más espontánea. Esa lengua es la que entenderá y aprenderá mejor, la lengua de la ternura.

Sus primeros libros

Nunca será demasiado prematuro poner un libro entre las manos de tu bebé. Aun antes de saber de qué se trata, le resultará placentero utilizar sus manos para pasar las páginas, ya que lo seducen las formas, los dibujos y los colores. Al leerle cuentos cortos, también estará encantado de oír la voz de papá o mamá dirigiéndose a él.

Se ha demostrado que los niños que han estado en contacto con el libro desde temprana edad, conservan este gusto y, más adelante, se vuelven niños lectores. Ahora bien, a los seis meses, a tu bebé le fascinarán las ilustraciones y las fotos y el hecho de cambiar de página. Dale libritos con muchos colores y, más de una vez, te sorprenderá hojeándolos solo en su cama.

Hay gran variedad de libros para niños pequeños entre los que puedes escoger. De preferencia elige aquéllos que se puedan morder y manipular sin que se maltraten mucho; libros de cartón grueso, de plástico o de tela.

Aprender a nombrar

El uso más avanzado de los libros, para aprender vocabulario o para contar una historia, supone que tu bebé ya haya logrado una adquisición fundamental: saber qué significa designar. Esto es, cuando sepa que la palabra "biberón":

• sirve para evocar el objeto en su ausencia;
• designa a la vez el objeto concreto del que bebe su leche y la representación en imagen que puede encontrar en un libro. Entonces habrá dado un gran

Un poco de paciencia...

El día en que apuntando con su dedo en el libro tu bebé sea capaz de señalar los objetos o los animales que conoce bien, puedes regalarle libros en el amplio sentido de la palabra, puedes empezar a leerle cuentos mientras mira las imágenes y hojeas con él un buen libro infantil.

¿Cómo escoger un libro ilustrado?

La elección del primer libro infantil es muy importante. Debe responder a varias reglas:

• sólo debe haber elementos, objetos o animales en cada ilustración;
• la ilustración deberá ser precisa hasta en los más mínimos detalles, muy realista, como una foto, no caricaturizada, pero simpática;
• las ilustraciones deben ser grandes, claras y de colores.

¿Cómo usarlo?

• Instala cómodamente a tu bebé en tus rodillas, frente al libro.
• Hojeen el libro juntos señalando cada imagen y nombrando lo que representa.
• Muy pronto ante las ilustraciones que conoce podrás preguntarle: "¿Dónde está el gato?", y él lo señalará.

Un libro que se construye

• Los catálogos y las revistas son un buen recurso para encontrar dibujos de todo tipo.
• Haz un libro para tocar. En una carpeta sustituye los protectores plásticos por hojas de cartón.
• Pega algunos "objetos para tocar". Para ello usa un poco de pegamento, después pon encima arena, arroz, harina, un pedazo de tela, etcétera.
• Guarda además, sistemáticamente, todas las tarjetas de felicitación o invitaciones que hayas recibido en los cumpleaños o en periodos festivos y las tarjetas postales. Hazles hoyitos a los lados como a las hojas de la carpeta. Pasa un listón por los hoyos para lograr un bonito libro, fácil de hojear y de renovar.

paso. Podrá hacer uso del álbum de imágenes y los libros adquirirán un significado muy diferente, más allá de la simple atracción por los colores y las formas.

Cántale canciones

A los niños pequeños les fascina que les canten canciones. Les gusta que los hagan saltar sentados sobre las rodillas de manera rítmica o que bailes y cantes mientras lo llevas en brazos.

Muchas canciones infantiles forman parte de nuestro patrimonio nacional. ¿No las conoces? Pregunta a las abuelas ¿Ya las olvidaron? Visita una biblioteca, en la sección infantil. Internet también es un excelente opción para descubrir esas canciones.

Las mejores canciones infantiles son aquellas que van acompañadas de mímica; procura que los ademanes siempre sean los mismos, de este modo el niño podrá anticipar la acción y reirá a carcajadas cuando ésta se produzca. Si le cantas con regularidad una canción que mencione las partes de su cuerpo, muy pronto el bebé sabrá dónde está su cabeza, su mano, etcétera.

Pero lo que más le gusta al niño es el contacto estrecho y lúdico que se crea entre ustedes cuando le cantan una simple canción. La alegría de vivir que le transmitas será perdurable. En cuanto pueda, él cantará contigo y durante toda su vida conservará ese placer. ¿Conoces adultos que canten bajo la regadera o en los embotellamientos? Estoy segura de que, cuando eran muy pequeños, alguien cantó para ellos. Haz lo mismo con tu hijo.

El desarrollo emocional y social

La creación de los lazos con el entorno. La madre perfecta.
La angustia de la separación. El carácter del bebé.

La leche y la sopa no son suficiente para alimentar al bebé. Para crecer, tiene una necesidad imperiosa de amor, respeto y ternura. Gracias a ese alimento podrá desarrollarse plenamente, despertar a la vida y emprender el descubrimiento del mundo. Cuando es muy pequeño, el bebé necesita el contacto físico; sentirse arrullado, acariciado, arropado. Así construye todo su mundo sensorial y las bases de su cultura. Después, cuando crece, el bebé necesita que su madre sepa establecer cierta distancia entre ambos. Progresivamente aprenderá a individualizarse. Dado que su madre no es perfecta ni está siempre disponible, se volverá autónomo y aprenderá a desenvolverse por sí mismo. A lo largo de los meses y los años descubrirá qué lugar ocupa en el seno familiar y las reglas que debe seguir.

Las necesidades sensoriales y culturales

El bebé es una persona, trátenlo como tal.
A lo largo de la primera infancia se sientan
los cimientos de lo que será
su futura vida social.

De un recién nacido pasivo, tu bebé pasará a ser en sólo un año un partícipe pleno en la vida e intercambios familiares. La relación cálida, respetuosa y confiable que el bebé desarrollará con sus padres servirá de modelo a las relaciones amistosas que en el futuro establecerá con sus compañeros.

La conciencia del entorno

Desde sus primeros días de vida, el bebé aprende a reconocer a su madre gracias al olfato, al oído y luego a la vista. En las semanas que siguen, muy rápidamente reconoce también a su padre, cuya voz oyó a través de la pared del vientre materno.

Después de algunos meses el niño ya tiene más conciencia de su entorno. Distingue a sus padres de otras personas y conoce bien a sus hermanos y hermanas mayores, a quienes alegra de manera muy

especial. También pone más atención a todo aquello que lo rodea.

La contraparte de dicho estado de atención es que el niño ya no permite tan fácilmente que se le acerquen o lo toquen desconocidos o personas que conoce poco. Incluso puede ponerse a llorar si un "extraño" quiere tomarlo en sus brazos.

Que las abuelitas o los amigos no se pongan tristes; esta reacción sólo significa un mejor conocimiento del mundo por parte del pequeño. Pronto, cuando los conozca mejor, también les sonreirá y les tenderá los brazos. Mientras llega ese momento, ahora que comprendes las inquietudes de tu bebé, protégelo y aclara a las tías y abuelas que no es necesario que se abalancen sobre él para besarlo.

Integra a tu bebé a las actividades familiares

Desde el nacimiento, los sentidos del niño son eficientes y la estructuración de su cerebro se va a desarrollar en función de las informaciones recibidas. Las estructuras mentales no pueden desarrollarse de manera satisfactoria si carecen de estimulaciones de orden sensorial.

También es importante para su inteligencia futura (en el sentido más extenso) no dejarlo solo durante todo el día en una cuna, sino integrarlo a las actividades de la familia y estimularlo.

Los contactos piel con piel, caricias, olores varios, juegos de voz y música, palabras dulces, colores, objetos, formas, contactos estrechos con todos los miembros de la familia, son otras tantas maneras de responder a sus necesidades.

Las necesidades afectivas y psicológicas

Recientemente se descubrió hasta qué punto el apego a la madre (o a la persona que la remplaza) es una necesidad fundamental para la estructuración de la personalidad del niño. También se puede decir que el amor y la ternura son la respuesta idónea a las situaciones de angustia.

Esos estrechos lazos se entretejen a edad temprana a través del reconocimiento olfativo y auditivo de la madre, pero también gracias a esos intercambios de miradas y a toda esa comunicación íntima que se establece. Dichos lazos también dependen de la manera en la que la madre sabe o no comprender las necesidades y los llamados de su niño y de cómo responde a ellos. El padre y los demás miembros de la familia también ocupan un lugar importante desde el nacimiento; pero es indiscutible que, durante algún tiempo todavía, la madre desempeña un papel privilegiado y que el bebé necesita esta referencia.

Afecto, calor humano, disponibilidad y regularidad de contacto son indispensables para cualquier bebé: le permiten desarrollar un sentimiento de seguridad. Quienes carecieron de todo ello manifiestan secuelas que a menudo son difíciles de sanar.

Los mimos llenos de ternura

A lo largo de nueve meses, el bebé, cuyos requerimientos fisiológicos estaban satisfechos, vivía arrullado por los movimientos de su madre, encantado por su voz, acariciado por el líquido amniótico. El nacimiento "por expulsión" del bebé interrumpe repentinamente esta proximidad. Entonces, para permanecer juntos y prolongar el contacto cuerpo a cuerpo, la madre y el bebé tendrán que inventar una nueva forma de ternura. A menudo, los mamíferos pequeños se aferran a la piel de la madre y se mantienen así en estrecho contacto con ella. Las manos de los pequeños seres humanos también se aferran al más mínimo contacto, manifestando el mismo deseo. Mamás, por ninguna razón se priven de todo aquello que les permite mantener a su bebé lo más cerca posible, al abrigo del calor materno, cobijado contra su cuerpo (portabebé, rebozo).

> El bebé se siente protegido gracias al contacto corporal, que le resulta reconfortante. El cuerpo de su madre lo ayuda a encontrar los límites de su propio cuerpo; la confianza en ella viene a darle confianza en sí mismo.

Las etapas del desarrollo emocional y social

Desde su nacimiento, la sonrisa del bebé traduce un intenso bienestar aunque todavía no se haya concretado su sentido social. Los gritos y los llantos rápidamente se convierten en un lenguaje que traduce un malestar y está dirigido a aquella persona que sepa encontrar la solución.

Las primeras semanas

De las cuatro a las seis semanas, aparecen las primeras y verdaderas sonrisas. Abarcan la totalidad de la cara y están explícitamente destinadas a la persona o al objeto que está enfrente del bebé. Ve a tu bebé a los ojos, de frente, y háblale dulcemente sonriendo durante largo rato, él te devolverá la sonrisa. En el mismo periodo los llantos del bebé se regularizan y se vuelve más fácil entenderlos (¡pero no siempre son fáciles de calmar!).

De los 3 a los 6 meses

Hacia los tres meses el bebé manifiesta claramente su deseo de compañía. Grita cuando lo dejan solo y se calma cuando el adulto aparece. Cuando está rodeado de gente se agita y muestra su placer. No solamente reconoce a su madre, sino también a su padre, a sus hermanos y hermanas, a sus allegados, cuya presencia disfruta.

Hacia los cuatro meses, el bebé empieza a reír a carcajadas. Unas cuantas cosquillas y esa risa un poco ronca surge y alegra a toda la familia. Las primeras veces él mismo parece sorprendido de su risa extraña e incongruente. En cuanto al llanto, se vuelve menos frecuente y más fácil de entender y de aliviar.

Hacia los cinco meses, el bebé diferencia entre las personas que le son familiares, a las que recibe con una sonrisa, y las que le son ajenas, a las que no se detiene a mirar. En este periodo empiezan los juegos reales con las personas que ama y sus comportamientos sociales se tornan más variados.

De los 6 a los 8 meses

Hacia el séptimo u octavo mes el bebé atraviesa por una fase en la que teme separarse de su mamá y le inquieta la presencia de extraños. En él, tan sociable y aventurero, surge el temor ante todo y ante todos. Pero en casa, en su ambiente, se tranquiliza muy rápido. Esta fase marca un gran progreso en el desarrollo del niño, quien descubre los límites de su cuerpo y entiende que es diferente de los demás. Es el principio de las relaciones verdaderas entre él, individuo autónomo, y los demás.

De los 9 a los 10 meses

El niño progresa en sus relaciones sociales imitando a los que lo rodean con sus palabras, sus gestos y sus actitudes. Le gusta oírse a sí mismo gritar, reír y se muestra encantado si puede jugar al escondite. Las niñas a veces son más tímidas que los niños, otras veces son más avispadas.

De los 11 a los 12 meses

El niño pequeño se muestra intrépido, provocador y con gusto se hace el simpático. Desarrolla el humor y le gusta tener audiencia. Entiende el sentido de la palabra "no" y ahora puede abstenerse de hacer lo que deseaba. Sus emociones se enriquecen y el sentimiento de temor puede precipitarlo a los brazos de los padres.

El niño se desarrolla si llevamos hasta su interior las sensaciones, las experiencias, todo lo que haya vivido a través del cuerpo de su madre. Ya que puede amar y ser amado sin riesgo, poco a poco emprende con confianza el descubrimiento del mundo, y para ello también aceptará alejarse de su madre.

El contacto corporal para adaptarse al mundo exterior

El tiempo de presencia que la madre puede pasar junto a su niño no es el único factor decisivo. ¿Qué puede transmitir un cuerpo crispado, agotado, tenso, que traduce más su ansiedad que la alegría del encuentro? Toda mamá primeriza necesita un tiempo, que varía en cada caso, para crear lazos afectivos cálidos y llenos de vida con su bebé. Es un tiempo necesario para olvidar al bebé que soñaba y adoptar al bebé real, al que trajo al mundo y que está ahí, con sus sonrisas y sus llantos.

Gracias a ese contacto corporal tierno y apacible, el bebé se adapta al mundo que lo rodea. Dado que la presencia de la madre ya no es absoluta como en los primeros días, el bebé descubre paulatinamente la frustración y sus ventajas. Y como su madre vive también separada de él, el niño aprende a asegurar su supervivencia y a convertirse en un ser más autónomo. Ya que ella le habla, lo llama por su nombre, lo tranquiliza respecto a su regreso y lo colma de palabras de amor, él llega a ser plenamente un ser humano, un ser de lenguaje. Gracias a la ternura y a la palabra que vienen a llenar la ausencia, el niño va a crecer seguro de sí mismo.

El niño consentido

No harás de tu bebé un niño consentido si respondes a sus llamados y si sigues lo que tu instinto te dicta. Todavía existe mucha gente que le dice: "Es normal que un bebé llore, está desarrollando sus pulmones", "Déjalo llorar, acabará por cansarse" o más aún, "No lo cargues todo el tiempo al más mínimo capricho, vas a hacerlo un niño consentido", etcétera.

Sin embargo, tú sufres cuando oyes a tu bebé llorar y tu instinto de madre te inclina a tomarlo y llevarlo contigo para intentar aliviarlo. Tienes razón. Un bebé nunca llora por nada. Somos nosotros los que no somos capaces de entenderlo. Un bebé no es caprichoso, tiene una razón para expresarse por medio de gritos, está viviendo algo que le molesta. Lo mínimo que una madre puede hacer, a falta de aliviarlo, es decirle con palabras y gestos: "Estoy aquí, estoy contigo, no comprendo por qué lloras, pero intentaré aliviarte".

El niño que llama o se queja espera de sus padres una respuesta adaptada y comprensible. De este modo se sentirá amado, adquirirá confianza en sí mismo y en ellos, será capaz de dar afecto y se volverá autónomo.

Responder a su necesidad de afecto

Por el contrario, el niño privado de afecto, que con frecuencia dejan solo ante su sufrimiento, corre el riesgo de encerrarse en sí mismo y desesperarse. Si llora quiere decir que tiene algo que decirte. Si nadie escucha empieza a enfurecerse, después dejará de comunicarse. ¿De qué sirve? ¿Qué mensaje le transmitimos al niño pequeño cuando no lo aliviamos en esos momentos difíciles? Se siente abandonado, amargado: ¿cómo hacer que sienta que lo amas y que la vida es bella? Tu niño llora, necesita tu con-

Es un bebé difícil

Generalmente se le llama así a un bebé que llora mucho sin causa aparente y que no se deja calmar por los medios comunes. Su madre se siente agotada y nerviosa, incompetente, incluso culpable pero no sabe exactamente por qué. Es un círculo vicioso.

La solución consiste en recuperar la confianza y la calma, dejando al bebé, por ejemplo, a su padre, a una abuela o en una guardería. Hay que mostrarle al bebé su comprensión y su amor, siempre con una sonrisa y esperando que los días mejores no tarden en llegar...

Es un bebé que duerme mucho y nunca pide nada

Eso puede parecer más fácil, pero no satisface a los padres a los que les gustaría aprovechar más su presencia. No es cuestión de no dejar que el bebé duerma, pero es necesario aprovechar todos esos momentos en los que está despierto. Por el contrario, el bebé que duerme poco es muy gratificante en el plano social, pero también agotador porque requiere de mucha atención. Rápidamente necesitará que llenen su cama con juguetes y objetos que puedan ocupar un poco de su tiempo.

tacto, tu olor, tu voz, tu amor. Espontáneamente deseará venir en su ayuda y aliviarlo. Si él te habla respóndele. Si tiene hambre dale de comer. Si necesita tu compañía llévalo a la habitación donde te encuentres y habla con él. Si quiere tus brazos mímalo. Un bebé reacciona como un bebé; nunca es un mal momento para enseñarle o entrenarlo para que tolere las frustraciones.

La madre ideal

Ocuparte cotidianamente de tu bebé y educarlo son tareas difíciles. Llegar a encontrar la verdad a través de los preceptos de los libros de puericultura, los consejos de las abuelas o de las amigas y el propio sentido común, en ocasiones exige largos momentos de vacilación y en no pocas ocasiones una buena dosis de ansiedad.

¿Qué propone la publicidad? La imagen de una mujer siempre disponible y reposada, madre de un encantador y robusto bebito que come bien, a horas fijas, y duerme largas noches de un tirón. Sus únicas interrogantes conciernen lo suave de los pañales y el tamaño de los frasquitos de comida, problemas que discute con su marido, que está muy implicado.

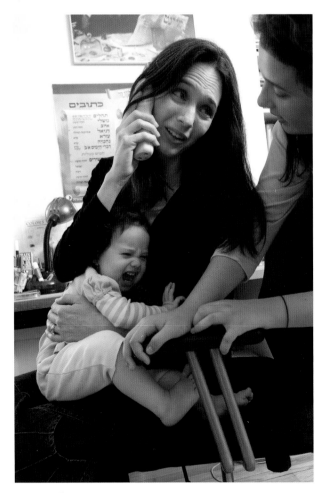

¿Qué se puede hacer para ayudar al niño?

- Tenlo cerca de ti, no te burles de él, hazle sentir que lo proteges y no lo obligues a darle besos a los extraños.
- En presencia de un desconocido, dale al niño todo el tiempo que necesite para que dé el paso hacia la otra persona y se aproxime cuando se sienta suficientemente "familiarizado". Nunca lo obligues a hacer nada.
- Juega frecuentemente con él a los juegos que le ayuden a comprender la permanencia del objeto como son el escondite con objetos o con personas, marionetas, "¿Dónde está el oso? ¡Cucú, aquí está!", juguetes que se lanzan y se recogen, etcétera.
- Es preferible evitar que alguien más cuide a tu bebé por tiempo completo entre los ocho y los doce meses debido a que ese periodo es el más difícil: el bebé se siente abandonado y todavía no sabe si tú volverás. Si puedes hacerlo de otra manera, prevé un periodo de adaptación tan largo como sea necesario y toma todo el tiempo necesario para hacer que su bebé comprenda la situación.

Una madre ideal. ¿Y tú, en comparación? Estás cansada por las noches, que son demasiado cortas. Tu bebé está resfriado. Llora todas las noches y los vecinos golpean en el techo. O bien, tu marido es quien se exaspera mientras tu bebé rehúsa beber su jugo de naranja o vomita todos los biberones o no quiere adaptarse a la guardería o no soporta tomar el baño. Y piensas: "¿Así que esto era tener un bebé?" y te sientes al borde de la desesperación.

Nada ni nadie te preparó ni te advirtió de tales dificultades. Compararte con las madres de la publicidad, madres perfectas de niños perfectos, te hace sentir doblemente fracasada. Como no hay nadie que te diga que las cosas son difíciles, pero que todo se va a arreglar, o que es verdad que haces lo mejor posible con todo tu amor, empiezas a creer que, por ser una mala madre, eres responsable de las dificultades de tu bebé.

Ser madre es algo que se aprende

¡Alto! La madre perfecta no existe más que en las telenovelas. Y tú estás aprendiendo. Eso demanda mucho tiempo y esfuerzo, intuición y amor. No es algo que ocurra de buenas a primeras. Quizá con tu segundo hijo te sientas más segura. Pero mientras ese momento llega, tú estás ahí: afrontando las dificultades normales de un bebé normal que te ayudará a convertirte en una buena madre. Contarás con toda tu indulgencia; recuerda que tal y como eres, con tu ansiedad y tus torpezas, pero también con tu inmensa ternura, lo eres todo para él.

¿Qué hacer?

No te compares. Tú, el niño y su padre forman un trío único. Trata de relajarte y pasa más tiempo mimándolo y dialogando con tu bebé en vez de estar calculando la cantidad de leche que bebió o el tiempo que va a dormir. Eres la madre perfecta de ese niño, no podría tener una mejor, él no sueña con otra.

El principio de la angustia (8-10 meses)

Sucede que tu pequeño, hasta ahora sociable y aventurero, empieza a temer a todo y a todos. En cuanto un extraño se aproxima, se pega a ti. ¿Y cuando le hablan? Mira hacia el otro lado. Basta con que el desconocido empiece a mirarlo para que se ponga a gritar o hasta a llorar si de pronto se escucha una carcajada o un estornudo. ¿No decía nada cuando lo dejabas por las mañanas? Ahora, en cambio, rompe en llanto y parece desesperado.

Pero por fortuna también se tranquiliza muy rápido. Si el extraño se aleja, vuelve a su estado alegre y juguetón. Cuando se siente en confianza en casa, rodeado de los que ama, acorta los límites de sus exploraciones y perfecciona las maneras de desplazarse totalmente solo. ¿Prefiere arrastrarse o gatear? Lo principal es tocar todo.

No todos los niños manifiestan con la misma intensidad esta actitud de miedo ante los extraños ni

ese apego angustioso con la madre. En algunos, esta crisis será breve (cinco o seis meses) o apenas marcada. En otros, podrá empezar tarde pero durar un año. Estas variaciones en cuanto a la fecha de inicio de las angustias, su duración, su intensidad, son absolutamente normales; dependen del niño, de su carácter, pero también del modo de vida y la manera de cuidar al bebé.

En términos generales se puede observar que los niños, que regularmente y luego de varios meses están al cuidado de alguien en la guardería o con otra persona, pasan por esta crisis en forma más discreta; ya se han acostumbrado a las caras nuevas, son más sociables y poco a poco han aprendido que, incluso si mamá se va, la volverán a ver, intacta, un poco más tarde.

Las razones que originan esta angustia

¿Cuáles son las razones que explican los cambios que intervienen en los niños de esta edad?
- El niño está en una fase de exploración intensa del medio que lo rodea. Eso satisface su necesidad de descubrir y abordar lo desconocido. Para ello necesita sentirse en confianza y en terreno conocido. Todo cambio en este entorno, material o humano, hace las cosas muy difíciles.
- El bebé reconoce cada vez mejor las caras. Sabe diferenciar a las personas y distinguir entre los conocidos y los desconocidos.
- Ahora el bebé se da perfectamente cuenta de cuando sale su madre, pero todavía no está convencido de su regreso. Cuando ella se aleja llora por el miedo a perderla. En el curso de las semanas siguientes, aprende la permanencia de los objetos: "si el juguete que ya no veo sigue existiendo, entonces mamá también sigue existiendo y regresará". Así sus angustias se calman paulatinamente.

Es un bebé que nunca está contento

Irritable, fácilmente irascible, hasta comer o tomar su baño parecen no ser un placer para este bebé. Con frecuencia tenso, incluso estando en brazos, se duerme con dificultad. Tiene miedo de los ruidos y los movimientos bruscos.

Ese bebé necesita calma y regularidad. Su actitud no es un rechazo contra ti, sino una dificultad para adaptarse a este mundo. La solución consiste en hacer de su ambiente lo más tierno, acogedor, tranquilizador, alegre y pacífico como sea posible. Si se le alimenta cuando lo pide, si se le acaricia mucho, acabará por encontrar su alegría de vivir.

Sea cual sea el carácter de tu bebé durante los primeros meses, nada es definitivo. Él se adaptará, evolucionará, encontrará sus referencias y muy pronto será un alegre compañero.

Los cambios de carácter

Desde su nacimiento, el bebé se distingue de todos los demás. Ya tenía su temperamento, sus gustos y sus preferencias, que vas conociendo día tras día. Él es único y ningún libro puede enseñarte más acerca de él que el tiempo que pases observándolo y tratando de entenderlo.

Ese conocimiento refinado de tu bebé te permitirá adaptarte a él y responder a sus necesidades. A su vez, al sentirse comprendido, será un bebé más fácil de tratar.

En conclusión, la crisis de angustia del octavo mes es normal y significa la llegada de una nueva etapa de desarrollo. El niño podrá superarla con menores dificultades si estás a su lado para ofrecerle seguridad y confianza.

El carácter del bebé

Los bebés no nacen con cualidades y defectos. Nacen con un equipo perfecto para entrar en contacto, con la necesidad de ayuda para sobrevivir y con comportamientos que varían mucho de un bebé a otro. De acuerdo con la respuesta que se dé a dichos comportamientos, los niños evolucionarán de una manera u otra.

Algunos parecen llorar o dormir más desde los primeros días, sonreír rápidamente o les cuesta trabajo mamar. La madre responderá al encontrarse ante su bebé. Si tiene la impresión de que lo entiende, de que le hace bien, de que es competente, la relación entre los dos se desarrollará armoniosamente y el bebé estará dotado de cualidades. Si la madre no lo comprende, no consigue apaciguar su llanto o se vuelve ansiosa, el bebé va a reaccionar con nuevos llantos y rápidamente se encontrará en la categoría de los bebés "difíciles".

La influencia de las etiquetas

Los padres deben ser muy cautelosos en cuanto a la influencia de algunas etiquetas. Las palabras del médico en el momento de la ecografía o de las auscultaciones prenatales son ya de mucho peso. Los padres suelen mostrarse tan atentos e impacientes ante frases como: "Este niño se mueve mucho, será un nerviosito" o "Con esta pequeña apenas empieza lo difícil", o bien "La cabeza es un poco más grande respecto al promedio", que éstas pueden llegar a tener un efecto decisivo. Lo mismo ocurre en el nacimiento. La partera y el ginecólogo hacen las veces de hadas de otros tiempos y sus palabras resultan verdaderos oráculos. Desgraciadamente, a veces hay que escuchar reflexiones como: "Lindo bebé, pero un poco pequeño", "¡Qué voz, se nota que le gustará gritar!", etcétera.

El fenómeno se repite en las semanas que siguen. No hay bebés caprichosos, consentidos, testarudos, perezosos o malvados. Pero si los padres están convencidos y le pegan esta etiqueta al comportamiento de su niño, efectivamente hay posibilidades de que el niño termine siendo así.

Conocer mejor a tu hijo

Conocer a tu bebé significa pasar tiempo observándolo para saber cuáles son sus ritmos y posiciones favoritas. A lo largo de las semanas y los meses aprenderás si le gusta que lo traten con delicadeza o bien si prefiere que los brazos de papá lo eleven por los aires, qué es lo que lo hace feliz o irritable, lo que lo hace reír o llorar, lo que ayuda a que se calme o se duerma; dónde están los hoyuelos y los pequeños pliegues, cómo huele su cabeza y la forma de sus pies. Esos miles de pequeños detalles que hacen que tu bebé sea único en el mundo.

Su carácter se irá construyendo poco a poco. Si no lo has prejuzgado, te complacerá ir descubriéndolo cada día. Sin embargo, debes saber que un bebé contento y con buena salud es un bebé alegre, con un buen carácter, pero no siempre con un temperamento fácil. Después de todo, un bebé es un ser humano y no un oso de peluche, ¿no es así?

El "no", la disciplina y lo prohibido

Decir "sí", decir "no", decir "alto"...
Una manera de organizar el "reglamento interno".

A lo largo del primer año, hablar de la disciplina de tu hijo puede parecer un poco excesivo. El pequeño imita lo que le parece ser el comportamiento de los adultos; es decir, de sus padres. Emprende el descubrimiento del mundo, explora todo lo que está a su alcance y eso, desde luego, lo lleva a asumir riesgos y a hacer algunas tonterías. Sin embargo, enojarse sería injusto, inútil y peligroso; el bebé podría renunciar a esas exploraciones y pensar en su curiosidad como algo inadmisible, lo que dañaría su desarrollo. Un ambiente relajado y de tolerancia siempre será preferible a una educación basada en exigencias excesivas y reprimendas.

Las bases de la disciplina

No puedes dejar que tu niño haga lo que quiera. Educarlo es enseñarle cuáles son los comportamientos aceptables, deseables, y los que no lo son.

Es reconfortante para el niño sentir que el adulto sabe lo que está bien y lo que está mal. Es un parapeto que lo enseña a dominarse y lo ayuda a ejercer su libertad de manera responsable. No obstante, recuerda que las prohibiciones, para que sean comprendidas y aceptadas, tienen que ser lógicas, coherentes y seguidas de efecto. Lo que está prohibido un día debe estarlo al día siguiente. Es mejor que hagas respetar unas cuantas prohibiciones y no que impongas un gran número de ellas dejando que el niño te lleve a una situación desgastante.

Comprender el "mal comportamiento"

Un niño pequeño nunca actúa como si lo hiciera por maldad o para enfadarte. Si refunfuña, quiere decir que está muy cansado o que se está incubando un resfriado. Si toca todo es curioso e inteligente. Si vuelve a hacerlo a pesar de la prohibición es que lo desea con mucha intensidad o bien te está poniendo a prueba para saber qué está realmente prohibido y lo que exactamente quiere decir "no". Saber esto ya implica reaccionar de otra manera.

¿Cómo decir "no"?

Un niño aceptará mejor el "no" si:
- uniendo el acto a la palabra, conduces suavemente a tu bebé lejos de las tentaciones;
- lo expresas firmemente, viéndolo a los ojos;
- le ofreces una solución de remplazo que sí está permitida. Por ejemplo, le quitas la revista que quiere deshojar, pero le das un viejo catálogo que puede arrancar a gusto. O le dices no a la mano que atrapa y jala los pelos del perro, pero sí a la caricia, con la palma abierta. Si el niño lo vuelve a hacer, dile no de nuevo. En una relación de confianza y afecto, no tengas miedo de afirmar tus elecciones con calma, firmeza y constancia.

Las prohibiciones

Sin importar el cuidado con el que hayas acondicionado el interior de tu casa en función del bebé, seguirán existiendo conductas que tendrás que prohibir. Hay que precisar inmediatamente que cuanto más variado y estimulante sea su ambiente, más feliz se sentirá el bebé.

¿Qué vas a prohibir?

Eso depende de ti y de tu capacidad de tolerancia. Como mínimo prohibirás todo lo que representa un peligro directo para el niño: cables de electricidad, tomas de corriente, puerta del horno, parrillas eléctricas, objetos rompibles (de vidrio) o puntiagudos, objetos pequeños (riesgo de asfixia), etcétera.

También es totalmente legítimo prohibir a tu niño que toque determinados objetos que no puedes poner bajo llave, pero que podría maltratar o averiar; el equipo de sonido, la televisión, un libro, un sofá de cuero claro, etc. Aquí entramos en el terreno de las "prohibiciones por comodidad", a las que hay quienes agregan la prohibición de entrar a tal o cual habitación (lo más común, la sala o la cocina). En el

¿Qué hay que prohibir?

Aun en un ambiente donde el niño puede evolucionar libremente y sin riesgos, siempre hay cosas que se deben prohibir:
- Lo que es peligroso: cables de electricidad, plancha, etcétera.
- Lo que se rompe o se estropea: fotos, libros, cuadernos, etcétera.
- Lo que, por razones personales, no quieres dejar pasar, como son algunos comportamientos agresivos (morder, golpear) o el acceso a algunas habitaciones o espacios de la casa.

momento de decidir lo que vas a tolerar y a prohibir, debes reflexionar en los siguientes puntos:

- A mayor número de prohibiciones, más difícil será hacerlas respetar. Vale más tener pocas, pero ser firme.
- Lo que está prohibido el lunes debe estarlo también el martes o una hora más tarde. Ocurre igual con lo que está permitido. Sólo así tu niño aprenderá rápido a ubicarse y respetar tus reglas. De ahí que no se recomiende en absoluto que te dejes "desgastar". Más vale decir sí desde el principio que dejarlo creer que tus "no" son flexibles.
- Un niño al que se le prohíben demasiadas cosas o experiencias, que tiene que reprimir sin cesar su energía y su deseo de actividad, acaba por volverse muy agresivo o inactivo y apagado. Por último, lo que le prohíbes debe ser razonable y coherente, en función de las necesidades del niño.

Es muy normal que el niño vuelva, inmediatamente o más tarde, hacia lo que le prohibiste. En ocasiones lo hará viéndote directamente a los ojos y con una sonrisa en los labios. Más allá de la atracción hacia el objeto, quiere verificar el sentido y el valor de tu palabra. De ahí la importancia de repetir "no" firmemente y cada vez que lo intente. El niño no debe dudar de tu determinación. Tú eres el adulto y no debes dejar que tu hijo crea que podría ser "el único amo a bordo".

Dicho esto, no olvides que el objetivo esencial de su educación no es hacer de tu bebé un niño que obedezca ciega y apaciblemente como una mascota entrenada, sino un niño feliz y abierto. Aceptará tus prohibiciones si las siente justificadas y adaptadas a su edad. Obedecerá para darte gusto, si sabes establecer con él relaciones de confianza y gentileza y si le hablas calmadamente sin desear "someterlo" o imponerle a cualquier precio tu voluntad.

Ten presente que el niño se siente seguro al saber que alguien vigila, alguien que sabe adónde va y que puede hacer las veces de protector. En la palabra disciplina hay discípulo. Enseñar a dominar y frenar algunos arranques es también enseñarle a tu hijo a ejercer su libertad de manera responsable.

Saber decir "alto"
Al mismo tiempo que tu bebé descubre la posibilidad de responderte "no" (y no va a privarse de ello), va a tratar de comprender el sentido exacto que tiene la negativa materna.

¿Cómo hacerle entender que algo está prohibido?
Combinando un movimiento y las palabras:

- Deberás decirle "no" con mucha firmeza, pero sin ser agresiva, uniendo la voz a un movimiento con la cabeza. El "no" tiene consecuencias, es decir que si él no obedece, vuelves a intervenir.
- Dirígete a tu niño, tómalo de la mano para alejarlo de su objetivo e intenta que él se interese en otra cosa, dándole un juguete, por ejemplo. Es decir, que compenses tus "no" con "sí" alentadores y proponiéndole algún objeto sustituto.

Cuidar no es proteger, estar vigilante no es impedir
- En vez de decir: "Detente, te vas a caer" (sobreentendido que "es un hecho"), mejor di: "Cuidado, te puedes caer" (sobreentendido "si quieres inténtalo, pero te estás arriesgando").
- Si ves a tu bebé trepando un mueble inestable, en lugar de impedírselo, ponte cerca de él. Si lo logra, felicítalo diciéndole que se arriesgó. Si se cae, atrápalo. "Ya ves, ese mueble no es seguro. Si yo no estuviera aquí te habrías lastimado". La lección será mejor porque el niño la habrá vivido.

¿Es tan sólo una prohibición pasajera? ¿Se trata realmente de un "no" definitivo? ¿Es un "no" que puede, a fuerza de obstinación, transformarse en "sí"? ¿Cuáles son los límites de ese "no" (y por ende los tuyos)? Para dar respuesta a estas preguntas, fundamentales para él, tu bebé va a poner a prueba tu paciencia.

La reacción de los padres
Se observan dos tipos de reacciones diferentes en los padres.

Comportamientos típicos

Éstos son algunos comportamientos típicos de los niños pequeños:

- vendrá diez veces a cerrar la revista que estás leyendo;
- poco a poco se va acercando a la cocina para obligarte a que actúes;
- te va a hacer venir diez veces a su habitación, en la noche, para darle un último beso;
- se va a rodar por el suelo para hacerte una pataleta porque le negaste un dulce o un juguete.

"No hagas eso, te vas a caer..."

Un niño muy pequeño no tiene conciencia del peligro como la tenemos nosotros. Sus instintos, a diferencia de los de algunos animales, no le advierten que está tomando un gran riesgo y que, si se cayera de la mesa, se lastimaría. Los padres tienen que enseñarle todo eso, qué es peligroso y qué no, lo que puede intentar teniendo mucho cuidado y lo que realmente es muy peligroso.

Fácilmente se puede creer que un niño, a quien todo se le ha prohibido con el pretexto de que es peligroso, ya no se va a aventurar por ningún lugar y permanecerá confinado. Y no es así como se aprende a caminar, a correr, a saltar o a andar en bicicleta. Además es posible que el niño no se caiga; o bien que se caiga sin lastimarse, pero eso le dará una gran lección para la próxima vez. No podrás evitarle todas las heridas y los golpes. Cuando hayas arreglado el espacio de la manera más segura posible, hay que dejar que el niño experimente.

Dejar que el niño experimente

No sólo es inimaginable que estés todo el día detrás de él, sino que además no estarías haciéndole ningún favor si desde antes de que se aventure a un nuevo descubrimiento, lo convencieras de que seguramente se va a caer. A nadie le gusta ver a su hijo lastimarse. La madre es la primera que se dice: "Es mi culpa, debí haberlo detenido, debí habérselo impedido". Pero los padres tienden a olvidar que las capacidades del niño son cada día mayores y que sólo progresan intentándolo varias veces, mediante el ensayo y el error sucesivos, hasta que llegan finalmente a dominarlo.

Cada vez que puedas, pero sin que te distraigas, deja a tu niño experimentar por sí mismo y con ello ganará en habilidad física y en el sentido del peligro.

La lección aprendida por el niño

¿Qué ha aprendido el niño? Que lo dejas libre para explorar su entorno, pero que estás atenta a sus comportamientos; que no lo agobias con órdenes y prohibiciones, sino que las que le das tienen que obedecerse; que sabes lo que haces y estás dispuesta para que se lleven a cabo; que él puede tener confianza en ti y eso le permitirá sentirse seguro.

- La primera consiste en empezar por decir "no" para luego, como él insiste por segunda vez o llora, acabar diciendo que sí, exhaustos y culpables por negarle algo a lo que parece tener tanto apego. ¿Qué aprendió el niño? Que a fuerza de insistir y gritar obtendrá todo lo que quiera, y que es más fuerte que tú. Si es el método que aplicas, ¡tus penas no van a terminar pronto!
- La segunda consiste en una actitud inversa. Empezar dando muestras de paciencia y comprensión y ofrecer al bebé la posibilidad de cambiar de actitud, por ejemplo, buscando una actividad o un derivativo. Después, en segunda instancia, si el bebé realmente insiste y parece querer iniciar la prueba de fuerza, hay que decir "no" con firmeza, lo que puede implicar, si no obedece, alzar la voz o encerrarlo por algunos minutos en su habitación. Es lo más eficaz.

Bofetadas y nalgadas

Puede ocurrir que tu bebe te exaspere mucho y ponga a prueba tus nervios. Una nalgada porque "así, al menos sabrás por qué lloras" a veces te quema la punta de los dedos. No obstante, hay que decir las cosas como son: es tan peligroso como inútil golpear a un bebé. Él no comprenderá la razón y, más allá del dolor, estará muy triste. Bajo el efecto de la exasperación, te será difícil controlar tu fuerza. En todos los casos, siempre será un fracaso.

Si tu niño llora en exceso, tiene una razón para ello que es importante entender. Pegar no servirá de nada más que para aliviar la tensión del que golpea. En cambio, sí servirá para dar lugar enseguida a una culpabilidad muy destructiva. Incluso un golpecito en las nalgas para sancionar una tontería no tiene valor educativo, a menos que vaya acompañado de una explicación sencilla con una voz tranquila.

Si te encuentras en una situación de nerviosismo y agotamiento tales que sientas que podrías pegarle a tu bebé, es indispensable que pidas ayuda y descanses. También puedes aislarte en otra habitación o salir a caminar un poco; tomar una almohada y poner tus nervios debajo de ella; ir a la ventana y respirar profundamente.

Si estás enojada con el bebé y lo golpeaste, no permanezcas en una doble situación de rencor e incomprensión. Haz las paces, tómalo en tus brazos y explícale con palabras la verdad de la situación; la fatiga, la exasperación, el miedo. Pero también explícale tu amor y que nada podrá mermarlo.

Por último, si te sientes frágil y abrumada, confiésalo, no te quedes sola en esta prueba y acuérdate que los gritos permanentes no son una solución.

Salir de paseo

Salir de paseo y salir de viaje. Prepararse bien.
Partir con toda seguridad.

Tarde o temprano llegan las vacaciones de invierno o de verano. Los padres están cansados de estar encerrados, cansados de los constantes resfriados de su bebé. Y surge la posibilidad de salir en familia por primera vez. Si la estancia afuera se prepara bien y se adapta a un bebé de la edad del tuyo, todo se dará bien. Cada uno regresará contento y enriquecido con nuevos descubrimientos. Pero viajar con un bebé exige numerosas precauciones, vigilancia y disponibilidad. Y sobre todo una muy buena organización, ¡ya no se puede improvisar!

El más mínimo cambio en hábitos y cualquier desplazamiento para un bebé, aun con sus padres, es una fuente de ansiedad. Ésta se transformará en placer si el bebé siente a sus padres relajados, tranquilos y perfectamente organizados. Vamos a ejemplificar algunas situaciones y consejos que te simplificarán la vida.

Algunas situaciones

Aprovecha tu permiso de maternidad para acondicionar el espacio de tu bebé. Los primeros días en casa serán muy tranquilos si todo está listo para recibirlo, en lugar de tener que pegar papel tapiz mientras preparas biberones...

Hamaca y canguro

Ya desde muy pequeño, cuando está despierto, tu bebé da muestras de gran curiosidad. Le gusta acompañarte de una habitación a otra, seguirte con la mirada y escucharte cuando le hablas. Ofrécele ese placer instalándolo en una pequeña hamaca (o una silla plegable).

Se trata de un asiento bajo e inclinado hecho con una tela suave sostenida por una armadura metálica. Después de algunos días de adaptación, tu bebé se sentirá muy cómodo y tendrá más la impresión de compartir la vida de la familia.

¡Cuidado con la hamaca suspendida en alto, podría caerse!

Un paseo afuera pero también en el interior

Ventral y provisto de un apoyo para la cabeza, el canguro te permite llevar a tu bebé pegado a ti. Cobijado por el calor de mamá —ya que encuentra las sensaciones olvidadas de tu andar y el latir de tu corazón— el bebé suele sentirse increíblemente bien y puede pasar allí apacibles momentos.

¿Tiene cólicos? ¿Le cuesta trabajo dormirse? Ponlo en el canguro y, como una mamá canguro, dedícate a tus ocupaciones.

¿Tienes que salir a comprar algo? Tu bebé estará mejor allí, protegido por el calor de tu abrigo, que solitario en el fondo de una carriola rígida. No te preocupes por su espalda; los bebés africanos, cargados en la espalda desde su nacimiento, ¿no son acaso formidables atletas?

¿Te parece que tu bebé ya es muy pesado para caminatas largas? Entrégale el bebé y el canguro a su padre.

El viaje en automóvil

Los viajes son buenos para los niños, ponen novedad en su rutina y aumentan sus experiencias. Pero con un bebé se requiere una buena organización. La improvisación no es aconsejable. Por una parte porque, si bien te hace trabajar menos, también puede darte más quehacer después. Por otra parte porque cualquier cambio en los hábitos de un bebé genera ansiedad que sólo se transforma en placer si sientes que estás en paz, tranquila y perfectamente organizada.

Planear bien su viaje

• Cada vez que sea posible dale prioridad a los desplazamientos en avión, que son más cómodos que

La seguridad de tu bebé en el coche implica algunos factores

• Prudencia y seguridad del conductor.
• La utilización de una cama para automóvil. Hasta más o menos los seis meses, cuando el bebe puede mantenerse sentado en un asiento para auto, no debe viajar más que en su cama firmemente sujetada en los puntos de unión de los cinturones de seguridad.

Debe evitarse definitivamente:
• El moisés instalado en el asiento trasero, que no garantiza ninguna protección para el niño en caso de un choque lateral y tampoco impide que el niño salga expulsado si se abre la puerta en un choque.
• El bebé sentado en las rodillas de un adulto "asegurado" con el mismo cinturón de seguridad. En caso de choque, el cinturón aplastaría el abdomen del niño y le provocaría graves daños.
• No fumes en el coche ya que en un lugar cerrado el aire rápidamente se vuelve irrespirable.

Los primeros auxilios

Al viajar o hacer algún trayecto ten siempre a la mano un maletín de primeros auxilios.

Lo que debe contener el maletín de primeros auxilios

Además de los medicamentos específicos de tu bebé, el maletín debe contener:

- algodón, compresas, una banda elástica;
- suero fisiológico en ampolletas para enjuagar los ojos;
- algún líquido para desinfectar las heridas (¡que no arda!);
- una pomada de árnica para los golpes;
- un tubo de crema para aliviar quemaduras leves, raspaduras, piquetes, comezón, etcétera;
- ácido acetilsalicílico o paracetamol para la fiebre o el dolor;
- una pinza para depilar y unas tijeritas;
- los datos del médico que esté más próximo (o bien el teléfono de emergencia de la localidad).

Según la región y la época del año:

- algún antídoto para venenos para llevar en los paseos por el campo (mordeduras de serpientes, piquetes de insectos, alergias);
- una crema protectora contra el frío y una crema solar "protección total".

los largos trayectos en autopista. En coche, mientras el niño es pequeño, el trayecto siempre será más fácil si lo hacen de noche.

- La seguridad es el primer imperativo: automóvil previamente llevado a servicio, prudencia y seguridad del conductor, la cama o el asiento reglamentarios y bien asegurados son precauciones mínimas. Nunca, aunque sea un trayecto corto, se debe llevar el moisés o el bebé en las piernas.
- Todo el material que vas a necesitar debe estar en el auto: pañales, biberones, frasquitos de comida, agua.
- Con anticipación decide cuáles serán las etapas del viaje y dónde pasarán la noche.
- Mantente atenta a la temperatura del auto; cuando te detengas puede estar haciendo un calor terrible en la carretera a mediodía o mucho frío en una carretera de montaña.
- No olvides ninguno de los objetos transicionales. Mientras estés sola al volante con el bebé ata todos sus juguetitos con cadenitas o cuerditas, que él aprenderá a jalar rápidamente para recuperarlos.
- Para un bebé más pequeño pega imágenes frente a él. Para uno más grande lleva juguetitos envueltos en papel para regalo, que le irás dando a lo largo del viaje.

- Darle de comer algo que pueda mordisquear es siempre una buena ocupación en el automóvil.
- Si tienes un aparato para escuchar discos compactos ponle canciones o cuentos infantiles.

Salir en invierno o cuando hace frío

- El aire seco en los departamentos y la altura pueden provocar deshidratación. Dale de beber al niño con regularidad.
- Para salir escoge las horas más calientes del mediodía. No olvides ni la crema hidratante para la piel ni la crema para los labios.
- Atención: un bebé de menos de un año se resfría muy rápido. Mantente alerta.

Salir en verano o cuando hace calor

- Ten listas las cosas indispensables: parasol, mosquitero, canguro con parasol, persianas para la ventanilla del auto, etcétera.
- Cuidado con las insolaciones. Nunca dejes a tu niño al rayo del sol con más de 25 °C, vístelo con ropa ligera de algodón, dale mucho de beber.
- Aplica crema solar en todo el cuerpo del bebé. Cuidado con los efectos del sol en la montaña ya

Consejos prácticos

- Ten en cuenta la edad del bebé a la hora de elegir un destino, es preferible el campo, el aire libre y un ritmo de vida tranquilo y regular.

- El ruido del motor no siempre bastará para calmar a tu bebé y le parecerá muy largo permanecer sentado por horas, firmemente asegurado en su silla de coche. Éstas son algunas ideas suplementarias para hacer el trayecto más agradable:

- Ten prevista una cantidad de aperitivos que no dejen restos en el auto.

- Haz paradas frecuentes que servirán para relajarte, espabilarse y comer tranquilamente, pero no esperes que tu niño tenga mucho apetito.

- Ten previstos algunos juguetitos.

que, por la altura, no siempre se siente el calor de los rayos en la piel.

- Ten cuidado con los piquetes de insectos, la arena en los ojos, alergias (urticaria, conjuntivitis, etc.). Si el bebé toma la siesta fuera de casa piensa en un mosquitero.

- Ten cuidado con los animales que andan por ahí.

- Si paseas con tu bebé por la tarde o cuando hace fresco, no olvides cubrirle bien las extremidades: los pies, la cabeza, las manos.

- Si el bebé se desplaza solo y están cerca de algún lugar con agua (piscina, mar, río), vigílalo en todo momento. El riesgo de ahogamiento siempre está presente, no lo olvides.

Un bebé normal

Todos los niños son diferentes. Al año ya son personitas.

Sí, un bebé normal, como el tuyo. Es decir, no un bebé promedio, lo que no significa nada, sino un bebé diferente de todos los demás, con sus características propias.

Quizás hace un año soñabas con un bebé como los de la publicidad, imagen adorable, sonrosado y tierno, un niño ideal al que nunca verías resfriado ni gruñón. En tu sueño, tu niño era a la vez independiente pero sociable, dinámico pero tranquilo, precoz pero equilibrado, le gustaba jugar contigo pero estaba de acuerdo con irse a acostar, saboreaba con gusto todos sus platillos, era capaz de entretenerse solo y podía caminar por todos lados. ¿El tuyo? No quiere irse a dormir, no se duerme más que en la cama de sus padres, no le gustan las zanahorias, se aferra a tu falda, se enoja si lo contradices y contrae otitis tras otitis. Un bebé normal, al fin y al cabo; de manera general, un bebé con buena salud, que va creciendo bien, activo y curioso, al que le gusta reír y da la impresión de estar más bien feliz. Un bebé con problemas normales, pero sin grandes angustias.

Bebé en evolución

Durante tu embarazo, y quizás los años que lo preceden, habías soñado con un niño ideal. Aquél que hoy está ahí es otro, muy real. Todos los padres tienen que renunciar algún día a su sueño para amar plenamente al que nació y crece como un niño normal, pero único.

Su primer cumpleaños

Tu bebé tiene un año. Doce meses de aprendizaje, de despertar, de educación, de cuidados y ternura. Cincuenta y dos semanas de vida común durante las cuales aprendiste a conocerte a ti misma. Seguramente esta semana, al hojear el álbum de fotos, revives con emoción el parto y esas primeras horas en las que te pusieron al bebé en brazos. Parece que fue ayer y, sin embargo, ya han recorrido tanto camino los dos, los tres...

El recién nacido llorón se volvió un niño pequeño que afirmó su personalidad. Este primer año es seguramente el más importante y el más formativo de toda su vida. Por lo que a ustedes respecta, se convirtieron en padres.

Lazos sólidos

En doce meses el bebé tuvo el tiempo de tejer nexos con sus semejantes. Su madre, aunque todavía es una persona privilegiada, no es el único objeto de amor. Su padre ya adquirió una gran importancia. El niño conoce la hora en que regresa del trabajo y lo espera impacientemente para iniciar juegos que sólo pertenecen a ellos. Esos momentos, aunque pocos,

son preciados. Un bebé necesita conocer a ambos padres y crear relaciones distintas con cada uno de ellos. Sabe que son diferentes y así los ama. Según su propio sexo, tu niño rápidamente aprende a quién se parece y a quién puede seducir.

Un carácter ya afirmado

En el transcurso de los meses, la personalidad del niño se afirma. Algunos rasgos vienen de ustedes, sus padres, sin que se sepa bien si los heredó o los copió. Otros no tienen que ver contigo. Aprendiste a tomar en cuenta esos rasgos para no tratarlo bruscamente, todo sin dejarte manipular por antagonis-

Al año

Actualmente tu bebé camina o está a punto de hacerlo. Esta etapa fundamental va a aumentar considerablemente su campo de experiencia. De pie, caminando sobre sus dos pies, el bebé se siente listo para partir a la conquista del mundo. Se cae, se golpea, se cansa, pero nada podrá pararlo por mucho tiempo en su nuevo impulso. Deja que se levante, que vaya más lejos, hasta donde lo lleve su curiosidad.

Pero mantente a la vista o que él sepa que llamándote tú vendrás, ya que todavía te necesita para que le des seguridad y para que lo alientes en sus esfuerzos.

Pero todo va bien, él se siente fuerte, capaz de todo: trepa, escala, imita. Exige las cosas que desea y rechaza violentamente lo que no le gusta. Empieza a preferir hacer las cosas por sí mismo. Tienes la impresión de tener a "un niño grande". Pero cuando está cansado, inquieto o un poco enfermo, vuelve a ser ese bebé que todavía no ha acabado de serlo. Todavía necesita la comodidad de tus brazos, de tus arrullos, de tus caricias, de tus palabras suaves y tranquilizadoras.

Cierta autonomía

Aparte de los momentos tan preciados que le concedes, tu niño ahora puede vivir su vida y esperarte, ya que sabe que cuando lo dejas en el día, volverás en la tarde. Puede pensar en ti en tu ausencia, hacer revivir tu recuerdo, y consolarse con su pulgar o su objeto transicional favorito.

Para sentirse bien, para sentirse seguro, tu bebé ha desarrollado costumbres a las que se apega. El tiempo en que lo podías llevar a todas partes en su moisés ya quedó lejos. Ahora necesita su habitación, su cama, sus ritos. No ofrece una cálida bienvenida a los extraños y se encuentra bien en la casa, rodeado de su familia.

Sus referencias ahora son nítidas y éstas empiezan a extenderse en la familia más cercana, en los amigos. Los abuelos tienen un papel importante qué desempeñar. Si el bebé los conoce bien, aceptará gustoso quedarse solo en casa de ellos durante algunos días.

mos sistemáticos. Sabes que son parte de su desarrollo. Con su temperamento, sus arranques de ira, con sus gustos y sus rechazos, pero siempre con maravillosa adaptación, ahora el niño forma parte íntegra de la familia.

Lo único que realmente teme es perder el amor de ustedes. También está muy angustiado cuando siente que ya fue muy lejos, como si su arranque de odio hubiera amenazado con destruirte. En esos momentos es cuando más necesita que lo tomen en brazos y le murmuren al oído. Con dulzura y firmeza lo haces pasar progresivamente de un mundo de placer, en el que todas sus necesidades pueden satisfacerse, a un mundo real en el que hay que distinguir entre los deseos accesibles y los que no lo son. Es el papel de la primera disciplina.

No sería deseable dejar que tu hijo crea que tiene todos los derechos y que todo es posible. Al año, el niño puede empezar a tener en cuenta los límites que le impone la realidad o la presencia de los demás.

Un hermanito, ¿por qué no?

Quizás pienses que éste sería un buen momento para tener otro niño y te hagas preguntas respecto a tu bebé actual. Si sientes el deseo y tienes el ánimo (dos niños muy cercanos en edad implican, durante los primeros meses, mucho trabajo), es una idea maravillosa. Cuando la diferencia de edades es mínima, disminuye el sufrimiento del niño mayor debido a los celos (todavía no tiene la conciencia de ser un "niño único" o "el más pequeño"). Muy rápido, el segundo alcanzará al primero y serán muy felices jugando juntos.

En cuanto a ti, ahora ya cuentas con experiencia y aún no has salido de los pañales, entonces poco más, poco menos... De niño a niño, una se va haciendo más experta y relajada.

Lo único importante consiste en no privar demasiado pronto al niño de su calidad de bebé por el hecho de convertirse en el mayor. Si le permites asociarse a este nuevo nacimiento, seguramente muy pronto madurará y será más autónomo. Pero no es una razón para quitarle el derecho de simple y sencillamente tener su edad. ¡Todavía es tan pequeño!

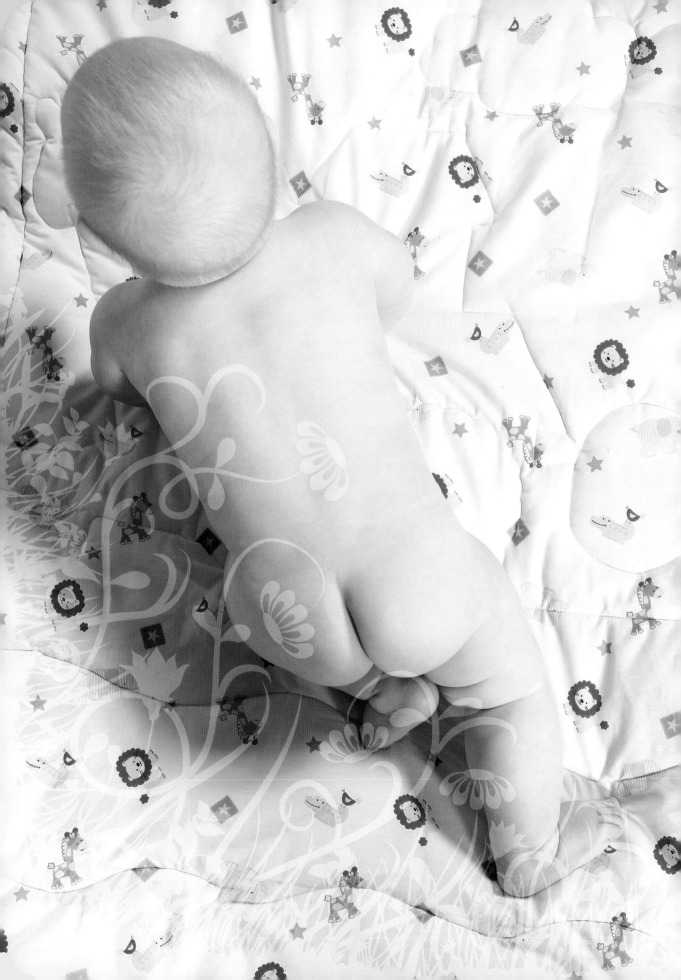

Mes con mes:
¿quién es el bebé?
(recapitulación)

A los 2 meses

Los progresos del recién nacido son espectaculares. El bebé está más despierto y es más receptivo. Le empieza a gustar el hecho de entrenarse solo, de repetir un mismo movimiento.

Los progresos son evidentes en la vista, que se vuelve más nítida cada vez a mayor distancia. Ahora el bebé prefiere mirar las ilustraciones y los juguetes más complejos, en los que hay muchos detalles. Sus diálogos mirando a los ojos pueden prolongarse. Fascinado por las luces, ya es capaz de seguir también los desplazamientos de objetos. El bebé todavía no es capaz de hacer más de una cosa a la vez. Cuando mama se dedica a ello por completo. Si un objeto o una palabra retienen su atención deja de mamar.

Los bebés más activos empiezan a retorcerse o a patalear, pero suelen permanecer acostados donde uno los deja. Poco a poco el tono muscular se relaja. Las manos se abren y el movimiento voluntario remplaza el reflejo de asir las cosas. Si le pones un objeto en la mano puede aprender a retenerlo, a apretarlo, enseguida soltarlo, pero todavía es muy difícil.

Comunicar a través de la palabra y el movimiento

El bebé es muy sensible a la estimulación táctil. Le gustan las caricias, los masajes suaves. Reconoce a sus padres y con gusto se cobija con ellos. Su diálogo se enriquece con sonrisas y balbuceos que seducen a quien lo rodea. Aprende muy rápido a qué sentimiento corresponde en ti tal o cual entonación, la voz ronca o fruncir el ceño.

Cuando le hablas sin que te vea, el niño intenta localizar el origen de tu voz y vuelve la cabeza en esa dirección. Sentado en su silla plegable es capaz de seguir con los ojos y la cabeza tus desplazamiento en la habitación.

A los 3 meses

Se trata de una etapa importante en la que realmente se ve al bebé salir de la fase de "recién nacido". El periodo de llantos inexplicables cesa. Menos limitado, empieza a darle sentido a su cuerpo, que progresivamente percibirá como un todo, y a todo lo que lo rodea.

Grandes diferencias de un bebé a otro

A esta edad aparecen claramente las diferencias individuales; los progresos en tal o cual ámbito dependerán del temperamento del niño. El bebé más activo "atrapa" más rápido, pero sin control del movimiento ni atención particular en el objeto. Al bebé más lento y sensible le tomará más tiempo atravesar la misma etapa, pero logrará integrarse a ella por completo poniendo gran atención en cada detalle.

En el curso del tercer mes el bebé atraviesa por una etapa en el plano de la coordinación: aprende poco a poco a hacer funcionar juntos sus orejas y sus ojos mientras mueve sus manos y su cabeza. Lo que nos parece evidente a nosotros los adultos no lo es para el bebé, le faltan varios meses para que pueda tender la mano o volver la cabeza hacia un objeto interesante o un sonido nuevo.

Las manos, y de modo secundario los pies, empiezan a tener un lugar predominante. El niño los descubre y pasa largos momentos examinándolos y manipulándolos, como si fueran los juguetes más interesantes. Se lleva las manos y los pies a la boca, que ahora es un lugar privilegiado: por ahí puede conocer los objetos. Su boca le indica la textura, la forma, el sabor. Aun si el niño todavía no atrapa bien, desde este momento hay que tener cuidado con los objetos que se dejan a su alcance.

Más atento a lo que lo rodea, el bebé es sensible al hecho de que hayan cambiado de lugar su cuna o bien los carteles pegados al lado de su cama. Empieza a interesarse en los colores vivos.

El bebé te conoce cada vez mejor

Por último, ya es particularmente sensible a tus expresiones. No olvides que la preocupación principal de tu bebé es estar contigo y que lo ames. Tampoco escatimes los estímulos y las muestras de amor cada vez que el bebé intenta o logra algo nuevo para él. Apláudele, sonríele, muéstrale tu orgullo. Estos descubrimientos permanentes y cotidianos para él son apasionantes, pero también a veces un poco inquietantes y necesita que estés ahí dispuesta a reconfortar, alentar y amar.

Cuando está solo, el bebé examina atentamente lo que lo rodea; escudriña los colores, las formas, los contornos, los motivos, los movimientos. El resto del tiempo balbucea y vocaliza; ¡ejercita su voz y parece entusiasmado por los sonidos que ahora es capaz de producir!

A los 4 meses

Este periodo es, propiamente dicho, el de la socialización. El juego esencial del bebé consiste en emitir sonidos. Por el placer de oírlos, seguramente; pero sobre todo por el placer de llamar a su madre o a su

Las etapas del desarrollo intelectual (recapitulación)

El bebé tiene una actividad refleja dominante. Su olfato está tan bien desarrollado que reconoce a su mamá por el olor. Su mano es muy sensible, y explora la forma y la consistencia de un objeto que pueda tocar. Aunque los ruidos le parezcan muy ensordecedores, el recién nacido ya es muy receptivo a la voz humana, particularmente la de sus padres.

Hacia los dos meses

El bebé se concentra en el rostro humano como si buscara comprenderlo. Sabe que sus padres son fuente de consuelo, los llama a gritos y se calma cuando aparecen. Ya tiene gustos y disgustos. Le gustan algunos olores más que otros, y sus preferencias dependen mucho de los hábitos culinarios de su madre. Se vuelve sensible al ruido y al móvil que está por encima de su cabeza.

A los tres meses

De pronto, el bebé verá algún juguete que le ofrezcan y empezará a seguirlo con los ojos. Descubrirá sus manos. Si algún movimiento que hace (como golpear una sonaja) provoca un ruido, va a intentar reproducirlo, descubriendo un vínculo de causa-efecto. Sonríe cuando le hablan y se interesa en lo que lo rodea.

A los cuatro meses

El bebé tiene el oído fino y empieza a reproducir sonidos de risa y luego de carcajadas. Gira su cabeza en la dirección de donde vienen los ruidos. Su agudeza visual es ya muy buena y puede seguir con los ojos algún objeto o a alguna persona que se desplaza. Descubre los relieves y los colores. Todo lo que sujeta se lo lleva a la boca, haciendo de su lengua una herramienta de conocimiento perfeccionada.

A los cinco meses

El bebé produce sonidos que imitan las palabras. Sujeta los objetos, los manipula y se sirve de esta nueva capacidad para descubrir el mundo. Es capaz de expresar el miedo y el enojo.

A los seis meses

El bebé distingue bien todos los colores y marca una preferencia por los tonos vivos. Se interesa mucho por su reflejo en los espejos. Le gusta jugar con el adulto y aprender a dominar las nuevas habilidades. Manifiesta preferencias por algunos alimentos.

A los siete y ocho meses

El niño interactúa cada vez mejor con los objetos y se interesa en ellos. Conoce su nombre y la palabra "no", pero también sabe llamar la atención e intenta hacerse entender. Se interesa más en su entorno de niños y de adultos. El hecho de desplazarse le abre nuevos horizontes.

A los nueve y diez meses

El niño empieza a decir "mamá" y se interesa cada vez más en lo que lo rodea. Es capaz de encontrar un objeto escondido bajo un cobertor y muestra mayor concentración a la hora de jugar. Aplaude o extiende los brazos.

padre y por el solo placer de conversar; la dimensión social y la dimensión del intercambio verbal entran en juego.

La dimensión social

Como pequeño ser sociable, y pese a su intenso apego a la madre, el bebé de cuatro meses y medio entabla buenos contactos con los demás miembros de la familia. Sus hermanos mayores son fuente de fascinación y grandes crisis de risa. Su padre lo atrae y el bebé lo busca activamente con la mirada, el movimiento y la voz. El padre que entabla relaciones estrechas con su bebé lo colma de placer y psicológicamente le regala un inicio de autonomía respecto a la madre que le será muy preciado. Un bebé al que no se le respondiera nunca, que no fuera solicitado verbalmente, acabaría por disminuir notablemente la cantidad de sonidos que emite.

Pero la socialización no significa únicamente el lenguaje verbal. Se traduce todavía más por una actitud del bebé, que cada vez sabe comunicar mejor y darse a entender. Responde a las peticiones y expresa abiertamente su placer o su disgusto.

En casi cuatro meses el bebé ya registró bastantes recuerdos. Ahora las expresiones de su cara se modifican dependiendo de si ve el rostro de mamá, si escucha su caja de música o si oye correr el agua del baño; si ve su biberón o el perro que entra en la habitación.

El bebé ha desarrollado simultáneamente una mejor musculatura y un principio de coordinación motora; sabe atrapar y conservar objetos por un momento. Recostado sobre el vientre, puede mantener las piernas extendidas y levantarse apoyado en los antebrazos. También puede arquear su espalda y sus piernas con el fin de balancease de adelante hacia atrás. En fin, puede rodar de derecha a izquierda y dar un giro completo para acabar recostado boca arriba.

La vista es ahora casi la de un adulto: puede coordinar ambos ojos a distancias variables. Tiene visión de los colores y se interesa en ellos de manera es-

El desarrollo físico (recapitulación)

Nacimiento (0-2 meses)
La cabeza del bebé no se sostiene si no está sujetada. Si está despierto, puede hacer movimientos holgados.

Dos meses (2-4 meses)
Acostado boca abajo, el niño levanta la cabeza y la mantiene así por un momento. Empieza a rodarse sobre sí mismo (¡ten mucho cuidado!).

Cuatro meses (4-6 meses)
El bebé, sentado, sostiene derecha la espalda y le gusta estar acomodado entre cojines. Pero si se cae no puede volver a enderezarse. Puede mantener la cabeza erguida. Estando de pie, apoya los pies en el suelo.

Seis meses (6-8 meses)
Algunos bebés ya van aprendiendo a arrastrarse de diferentes maneras o más bien a impulsarse en el suelo. Algunos otros aprenden a sentarse solos y a sostenerse poco a poco sin el apoyo de las manos.

Ocho meses (8-10 meses)
El niño se arrastra o gatea de manera cada vez más rápida. Le encanta estar de pie y levantarse con la ayuda de alguien. Se mantiene sentado sin necesidad de apoyo.

Diez meses (10-12 meses)
El niño escala peldaños. Gana en estabilidad estando sentado o de pie. Se desplaza sosteniéndose de los muebles. El equilibrio es aún inestable pero, cualquier día, se soltará de tu apoyo y dará sus primeros pasos.

A los once y doce meses
El niño ya demuestra que conoce bien el significado de algunas palabras como baño, pelota, cocina, perro y se aventura a inventar y a repetir algunas. Quiere comer solo y ayuda cuando lo visten, lo que es posible gracias a que ya habrá mejorado su habilidad. Desarrolla su talento de imitador y, mientras haga reír a los demás, repetirá sus gracias.

pecial; por último, percibe correctamente la profundidad, lo cual es de gran ayuda para alcanzar los objetos. Sentado, ya mantiene la cabeza erguida, lo que también permite al niño tener una visión más amplia del mundo que lo rodea ¡provocando el deseo de salir a descubrirlo!

A los 5 meses

A esta edad el bebé ha alcanzado una etapa importante de su desarrollo físico. Sin poder todavía sentarse o mantenerse sentado solo, puede no obstante quedarse un largo rato en esta posición si está bien acomodado en una silla alta o sostenido con cojines. Además ya mantiene muy erguida su cabeza. Estas dos adquisiciones le permitirán empezar a servirse eficientemente de sus manos. La mayoría de los bebés todavía manipulan mal los objetos que sostienen en sus manitas torpes, pero ahora casi todos son capaces de atrapar una sonaja y, a veces, de llevársela a la boca. Como el bebé duerme menos y su curiosidad está constantemente alerta, es capaz de jugar y llamar para que jueguen con él durante periodos cada vez más largos. Es bueno estar a su disposición, pero también es importante que el bebé sepa quedarse solo un momento mirando, explorando o balbuceando con sus peluches preferidos.

Algunos bebés son más activos que otros. En este periodo pasan tiempo dando vueltas o desplazándose en su cama. Les encanta que los toquen, que los agiten o los lancen al aire. Desde que amanece llaman a los padres para invitarlos a participar con ellos en esta nueva jornada de descubrimiento. Recién despiertos, a las seis de la mañana, reclaman con vehemencia un compañero de actividad. Acostar a uno de estos bebés más tarde o ponerle doble cortina puede no servir de mucho. La única solución para los padres consiste en levantarse cuando el bebé se despierta o en enseñarle a bastarse por sí mismo y a jugar solo por un momento.

Otros bebés son más tranquilos. Si duermen diez o doce horas durante la noche, sus siestas durante el día serán más cortas. Son los primeros en despertarse y pueden quedarse solos en su cama por un largo rato. Atrapar sus dedos o los dedos de sus pies, llevárselos a la boca, mordisquear esmeradamente su sonaja favorita, ensayar nuevas vocalizaciones, son actividades que pueden hacerlos esperar, apacibles, hasta la hora del desayuno.

El sueño es generalmente bueno, al igual que su apetito, a condición de que dejen al niño regular solo sus necesidades y que no lo obliguen nunca a comer más de lo que quiere.

El carácter del bebé se afirma. Sabe claramente lo que quiere: atención, juegos, excitarse de placer. También sabe lo que no quiere y puede protestar con cierta violencia como respuesta a una frustración que le es impuesta, si le quitan un juguete, por ejemplo.

A los 6 meses

La mayoría de los bebés duermen menos; pueden quedarse despiertos durante dos horas consecutivas. Por el contrario, ahora duermen noches completas y se despiertan un poco más tarde en la mañana. Los ritmos de la jornada también ya están bien regularizados.

Físicamente, se puede decir que ahora su coordinación es buena; los ojos, las manos y la boca funcionan con un objetivo común: situar los objetos, atraparlos, manipularlos, llevarlos a la boca. Ambas manos se sincronizan.

Mentalmente, la memoria progresa todavía y permite la constitución de recuerdos menos efímeros en lo que al pasado próximo se refiere. El bebé organiza hábitos y referencias estables que lo hacen sentir seguro; al conocer la sucesión de los acontecimientos, puede anticiparlos. Eso le da la impresión de un principio de control sobre su entorno.

El bebé ahora se sostiene sentado, aunque algunos todavía necesitan estar en una sillita o tener la espalda sostenida con un cojín. La cabeza se sostiene totalmente erguida. La posición de sentado, dado que deja libres las manos, es muy importante para el desarrollo del niño que desde ahora puede manipular todo a su gusto, atrapar y soltar sin perder las cosas, lo que para él es sumamente excitante.

Por último, sus habilidades para comunicarse verbalmente se encuentran en constante progreso. Hay que aprovechar para enseñarle que sus balbuceos pueden tener sentido, reforzando así su deseo de expresarse. Para ello hay que compartir su lenguaje, devolviéndole sus propias expresiones, moduladas y enriquecidas.

Pero hay que hablarle como a una persona sensata. Esto quiere decir usar palabras apropiadas, las palabras precisas que corresponden a lo que está haciendo, y no limitarse a un lenguaje "de bebé". Además es totalmente errado hablar así ya que ¡un niño pequeño, si un adulto no se lo enseña, nunca dirá espontáneamente "manita" en lugar de "mano", o "mai" en vez de "mal"! Entonces, en vez de forzarlo inmediatamente a "desaprender" es mejor darle enseguida la expresión correcta. Las diferencias individuales se acentúan; ya no sólo es el ritmo de las adquisiciones motoras lo que varía, sino también el orden en el que se producen esas adquisiciones. Algunos bebés adquieren mayor control primero con los movimientos generales del cuerpo, por ejemplo sentarse o arrastrarse. Otros esperarán para ello hasta adquirir el control perfecto de pequeños movimientos, los de las manos. Nada es mejor o más prometedor, ¡cada uno con su estilo, tan simple como eso!

Todo es juego

Lleno de energía, de habilidad y de perseverancia, el bebé pasa mucho tiempo ejerciendo su destreza física y manual. Todo es juego, todo es ejercicio, todo es descubrir. Vocaliza, ríe a carcajadas y conoce bien su ambiente familiar. Pero, como aún no está muy seguro de sí mismo, el bebé puede asustarse fácilmente por cosas muy simples (una aspiradora, un estornudo, un juguete animado, etc.) y frecuentemente necesita que lo calmen. Desarrollará actitudes de confianza y de autonomía si permaneces lo suficientemente cerca para que él te llame, si le presentas lentamente los objetos y a las personas nuevas, si jamás lo obligas a conocerlos demasiado rápido, si frecuentemente entras en contacto con él a través del juego.

Siempre elige objetos cuyo tamaño tenga proporción con su talla, con el fin de que no se asuste por la desproporción, y de que pueda tomarlos fácilmente con las manos.

A la edad en la que tu niño pasa mucho tiempo lanzando sus juguetes y te toca pedirle con insistencia que los recoja, intenta fijarlos con listones a su silla alta o a los barrotes de su cama, con lo cual entenderá rápidamente la manera de recuperarlos por sí mismo.

A los 7 meses

El niño o la niña de siete meses ya es un personaje muy complejo que nada tiene que ver con el recién nacido que era.

La vista es perfecta; el bebé ve de lejos, claramente, y distingue todos los matices de los colores. Sabe distinguir los sonidos, reconoce varios y sabe de dónde provienen. Se sirve muy bien de sus dos manos; las tiende hacia todo lo que ve, y examina todo lo que tiene. También es capaz de beber solo su biberón, a condición de ser arrullado en brazos de mamá o papá.

Puede volverse hacia todas direcciones y rodar sobre sí mismo. Algunos niños ya descubrieron cómo reptar, o mejor dicho deslizarse en el suelo, llevados por la curiosidad. Casi todos empiezan a desplazarse hacia atrás, lo que les es más fácil.

El bebé conoce bien su nombre; se vuelve cuando lo llaman. Aprecia mucho la compañía de otros niños y hace una verdadera fiesta a sus hermanos y hermanas mayores. Para los que ama, balbucea, protes-

El vocabulario se desarrolla, al igual que la comprensión. Un bebé al que le han hablado mucho ahora es capaz de obedecer órdenes sencillas del tipo "ve a buscar tus calcetines", "pásame mi periódico" o "ven conmigo a la cocina". Cuando lleva un objeto, siempre lo hace con tal orgullo que merece agradecimiento y elogio.

A esta edad la mayoría de los niños ya comprenden perfectamente el valor de la palabra y se sirven de ella, con la voz o con la cabeza, de tal modo que los padres rápidamente consideran que es abusiva: no para vestirse, no para comer, no para ir al baño, no para caminar, etc. A partir de ahora habrá que obrar con astucia para lograr que haga lo que uno quiere. De igual modo ya distingue muy bien entre lo que está bien, lo que está autorizado (y espera siempre la aprobación) y lo que no lo está, que de cualquier modo hará, pero asegurándose de que nadie lo ve.

ta, intercambia, modula su voz. Se sonríe en el espejo y toma conciencia de que las diferentes partes de su cuerpo forman una unidad.

De pie y sostenido de las axilas, el niño se sostiene con las piernas derechas y firmes. Ahora le encanta estar en esta posición.

A los 8 meses

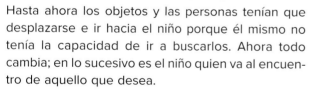

Hasta ahora los objetos y las personas tenían que desplazarse e ir hacia el niño porque él mismo no tenía la capacidad de ir a buscarlos. Ahora todo cambia; en lo sucesivo es el niño quien va al encuentro de aquello que desea.

En efecto, ya adquirió las capacidades motoras necesarias para desplazarse en su ambiente e ir a descubrir el mundo. Como tiene una gran curiosidad natural, el bebé va a poner toda esa nueva movilidad a su servicio. Aprende a reptar y después a gatear para descubrir lo que está lejos de él; aprende a ponerse de pie para explorar la verticalidad.

La mano está empezando a sustituir a la boca en el descubrimiento de los objetos. En adelante será ésta la que de manera privilegiada aporte información al niño. Hay que decir que esto ocurre a partir de que el pulgar se opone al índice, permitiendo formar una pinza, y es cuando la destreza mejora mucho.

A esta edad el niño es capaz de divertirse realmente con sus juguetes, de conocerlos y de elegir entre ellos. Imita las acciones de las personas mayo-

res y trata de hacer las cosas por sí mismo. Finalmente, travieso y gracioso, ahora manifiesta un verdadero sentido del humor. Además de eso aparecen miedos reales y el pequeño intrépido con frecuencia necesita venir a tranquilizarse cerca de ti.

A los 9 meses

Un bebé de esta edad se mueve sin parar. La coordinación de las diferentes partes de su cuerpo mejora cada semana y eso le permite delimitar más de sus exploraciones. Lo único que lo retiene realmente es el miedo a las novedades, a los extraños y a las separaciones, lo que todavía provoca que en repetidas ocasiones busque y regrese precipitadamente hacia la madre.

El bebé se sirve de las manos para practicar a la vez movimientos enérgicos (hacer ruido por todas partes en las que pueda, golpetear, desgarrar) y movimientos finos (tomar delicadamente objetos pequeños para meterlos en una caja o en una botella, vaciarlos, dejarlos caer, volver a tomarlos, etc.). Esta exploración sistemática del arriba y abajo, del contenedor y el contenido, del interior y el exterior, es típica de este periodo. Además el niño de esta edad no dirige únicamente el dedo hacia lo que desea atrapar, sino también hacia lo que está lejos de su alcance.

La posición de pie es la que el niño suele preferir. Intenta pararse detrás de lo que pueda servirle de apoyo. Una vez de pie, su visión del mundo cambia y la alegría que esto le produce es evidente. De sus allegados espera que lo alienten mucho y que le garanticen una vida normal.

A los 10 meses

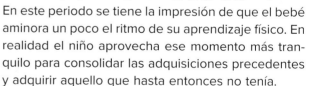

En este periodo se tiene la impresión de que el bebé aminora un poco el ritmo de su aprendizaje físico. En realidad el niño aprovecha ese momento más tranquilo para consolidar las adquisiciones precedentes y adquirir aquello que hasta entonces no tenía.

Como si sintiera que fuera a necesitar de todas sus capacidades para emprender la marcha, el bebé perfecciona durante un periodo sus capacidades motoras. Ese niño que apenas se desplazaba sobre el suelo, lo hará cada vez más rápido. El que reptaba pasará a la etapa de "gateo", pero algunos reptan tan bien que pasan directamente de ese estado al del caminar. Otro perfeccionamiento: el de la posición de sentado. Ahora el bebé sabe sentarse solo, a partir del suelo, sea cual sea su posición. Sentado puede volver libremente el torso a la derecha o a la izquierda y esta estabilidad le permite mantenerse en cualquier asiento. Muchos niños de esta edad ensayan también cómo ponerse de pie y desplazarse a lo largo de los muebles.

Al bebé le gustan los nuevos objetos, los nuevos juegos. Él solo es capaz de inventar uno. Es perseverante y obstinado. Como busca los contactos con sus semejantes, también le gustan los juegos de los demás, ¡lo que no siempre es fácil de soportar por parte de los hermanos y hermanas!

El bebé empieza a interesarse más en sus peluches; los mima, les da de comer, los acuesta. Empieza a hacer con ellos todo lo que su madre hace con él. Pero al mismo tiempo aparece el "no", que se convertirá en una de sus primeras palabras claves. No te angusties. Tu bebé todavía no sabe lo que esa palabra significa. Pero ya te escuchó pronunciarla con frecuencia, con un aire muy convencido, y sabe que esa palabra es poderosa. Él, que busca afirmar su personalidad, sabe bien que para imponerse pronto tendrá que rechazar sistemáticamente tus exigencias. Por el momento, no hace más que ejercitarse, ensayar.

A los 11 meses

Lo que predomina en este periodo es la aparición masiva de las capacidades de imaginación e imitación. Estos progresos son sobre todo mentales, pero el niño pone el conjunto de sus aprendizajes físicos al servicio de su imaginación, lo que puede resultar muy agotador para quien se ocupa del bebé durante el día.

La imitación se encuentra en todos los ámbitos y ahora se convertirá en el principal recurso para que el niño adquiera nuevos aprendizajes. Imitándote va a aprender a desvestirse, a lavarse o a hablar. Es capaz de retomar para sí mismo comportamientos que ha observado en casa de otros, de adultos o de niños. Imita a su madre cuando limpia la mesa o cuando guisa y él mismo se vuelve capaz de esconder objetos para hacer que los encuentren.

La manipulación de los objetos se vuelve cada vez más fina. Imitando a los adultos, ahora el niño puede sostener un lápiz, meter pequeños objetos por una ranura, quitar una tapa, desamarrarse los zapatos, enterrar, etc. Ahora las manos tienen funciones diferentes y el niño puede lograr dos acciones simultá-

Cada quien su ritmo

Algunos niños precoces en su desarrollo motor ya están muy listos para abordar la etapa decisiva de caminar. Otros todavía están lejos y apenas logran ponerse de pie o mantenerse sentados de manera estable. Esas diferencias son normales y no significan nada en particular. La mitad de los niños empieza a caminar entre los doce y los catorce meses. Aquellos que inician más tarde, con frecuencia son los más seguros, caerán menos porque habrán practicado más en cada una de las etapas precedentes. Lo esencial a esta edad es dejar que el niño experimente físicamente, lo más que pueda, sin que corra demasiados riesgos.

neas, sostener un juguete con una mano mientras come con la otra, sostenerse de una silla mientras se agacha para pescar alguna cosa, etcétera.

A los 12 meses

La edad de un año está generalmente asociada a los inicios del caminar, pero eso puede variar mucho de niño a niño. Aun los que son capaces de caminar a veces se sienten muy reticentes al momento de "dar el paso". Pero finalmente todos acabarán lanzándose, un poco por casualidad, un poco como juego.

El que aún no camina solo, generalmente puede hacerlo sostenido de una mano o de las dos. En cuanto a los que caminan por primera vez, con frecuencia no saben detenerse de otra manera que no sea dejándose caer al suelo. Sin embargo, la posición de pie gana estabilidad; el niño de pie sin apoyo ahora puede inclinarse y hacer señas con las manos sin que por eso pierda el equilibrio.

Durante este periodo el bebé parece como intimidado por los nuevos espacios que el caminar le abre. Parece menos intrépido de lo que era en los meses anteriores y algunos hasta se pegan a su madre, aferrándose a su falda o subiéndose al pantalón como si temieran alejarse de ella, a tal grado que a veces hay que pasar por encima de ellos.

Por último, el apego al padre se vuelve mayor y todos los juegos de fuerza que él puede inventar son bienvenidos.

Al niño le sigue gustando mucho vaciar, voltear y transportar; aprecia sacar y volver a poner las cosas en su lugar.

Índice

Introducción 7

Prepararse y organizarse 11

La estancia en la maternidad 17

Amamantar, ¿sí o no? 23

Los primeros días en casa 31

El llanto del bebé

85

El desarrollo físico

89

El juego y los juguetes

97

La seguridad del bebé

107

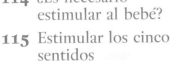

Un bebé normal

149

Mes con mes: ¿quién es el bebé?
(recapitulación)

153

Esta obra se terminó de imprimir en julio de 2011
en los talleres de Editorial Impresora Apolo, S.A. de C.V.
Centeno 150, local 6, col. Granjas Esmeralda,
C.P. 09810, Iztapalapa, México, D.F.